成长励志书

一本让你心甘情愿坐下来去学习的书

人生是一场没有攻略的冒险游戏，与其规划全程，倒不如集中注意力完成眼前的一个又一个触手可及的目标。

我的

每一段经历单独拿出来看,似乎都属于「正常大方向」中的「少数异类群体」,但其实,我只是一个努力让自己不输于同辈的普通人。

所谓天赋,不过是在一无所有的年纪里全力以赴。

世间众人,男女有别,高矮有别,美丑有别,不需要事事都向别人看齐,找到了真正喜欢并擅长的方向,那才真正是自己的天赋之所在。

努力的真谛,就在于灵感与汗水的组合。二者比例合适,这其实就是努力最好的状态。

学习的革命

从"少年班"到"中科院"

王旌尧 著

吉林摄影出版社
·长春·

成长励志书

图书在版编目（CIP）数据

学习的革命：从"少年班"到"中科院" / 王旌尧著. -- 长春：吉林摄影出版社，2018.8
ISBN 978-7-5498-3757-1

Ⅰ.①学… Ⅱ.①王… Ⅲ.①学习方法 Ⅳ.①G442

中国版本图书馆CIP数据核字（2018）第202674号

学习的革命 从"少年班"到"中科院"
XUEXI DE GEMING CONG "SHAONIANBAN" DAO "ZHONGKEYUAN"

出版人	孙洪军	字　数	187千字
主　编	顾平　杜普洲	印　张	7.5
著　者	王旌尧	版　次	2018年9月第1版
责任编辑	施岚	印　次	2018年9月第1次印刷
总策划	徐晶	出　版	吉林摄影出版社
特约策划	石艳	发　行	吉林摄影出版社
设计总监	资源	地　址	长春市泰来街1825号
特约编辑	石艳	邮　编	130062
封面设计	杨倩	电　话	总编办：0431-86012616
美术编辑	郭宁		发行科：0431-86012602
封面供图	王旌尧	网　址	www.jlsycbs.net
发行总监	王俊杰	经　销	全国各地新华书店
开　本	889mm×1194mm 1/32	印　刷	三河市宏图印务有限公司
书　号	ISBN 978-7-5498-3757-1	定　价	39.00元

版权所有　翻印必究

（如发现印装质量问题，请与承印厂联系退换）

目录
CONTENTS

1　自　序

第一章
"神童"的诞生

002　差点儿变成科学怪人
006　不能以常理度之的"神童"
009　说话晚的小孩儿不一定识字慢
013　第一次"跳级"史
016　学奥数，究竟有没有用

> 『5岁上小学，9岁上中学，14岁上大学……』这是我辉煌履历的开头。

第二章
东北育才中学

020　"超常教育实验班"
025　对"天赋"一词的把握
027　"天赋"和"努力"哪个更重要
030　我对"天赋"的理解
032　再议"少儿班"

> 东北育才中学与一般学校最不同的地方，在于它不单单是一个学校，而是一个坐拥9个校区和13个学部的教育集团。

第三章
巧遇少年班

- 036 缘何报考"少年班"
- 039 一场"少年班"闹剧
- 042 第一次填报志愿
- 044 意外收获

> 老话说,"高考就是千军万马过独木桥"。这话残酷,却不假。

第四章
少年班同学录

- 048 "中国第一神童"宁铂
- 052 百度总裁张亚勤与九城总裁陈晓薇
- 055 真实的少年班是什么样子

> 这使得我可以用一个更冷静的眼光,近距离观察这些外界人眼中很神秘的天才。

第五章
少年班复试二三事

- 058 第一次走进中科大
- 060 关于中科大
- 064 中科大少年班复试
- 067 两张录取通知书

> "红专并进,理实交融"
> ——中科大校训

第六章
触底反弹的四年

- 070 自由的大学伊始
- 073 大学，专业抉择
- 078 毕业大关，真正的赛点
- 081 对"迷茫"的反思
- 084 已在死地，如何后生
- 092 截止日期之前，去"做"，而不是"赶"

> 我一定要在哨声响起之前跨过去，触底反弹，不惜任何代价。

第七章
走进中科院

- 096 考研结束，新的开始
- 099 长春光机所：真正的科研
- 105 从游戏到工作：我的位置
- 113 规划之前，自知以后
- 117 从技术到管理

> 18岁，大学毕业，新的节点。

第八章
与电视结缘
——综艺之始

- 124 缘起："孟非的小面"
- 129 首秀：《一站到底》
- 134 结果：一站掉底

> 我才发现，原来世界那么小……

第九章
《加油向未来》
——冠军之路

- 140 被"忽悠"了
- 143 《加油》第二季
- 146 遇到第一人是毕导
- 150 节目里的友情与公平
- 157 冠军风波
- 163 撒贝宁:"实至名归"

> 这场漫长的旅程,一个小时后终于要画上一个句号。

终章
学习的革命
——成绩的要素分析

- 170 学习这件大事儿
- 175 目标——方向与人生
- 186 能力——天赋与运用
- 191 努力——灵感与汗水
- 198 心态——"闯荡"与信心
- 204 选择——得失与判断
- 209 篇外篇
- 219 后 记

> 做选择之前,权衡得失,考虑全面。做选择之后,后悔无用,不要回头。

自　序

我一直自认为是一个写东西很快的人。

写三万字的本科毕业论文我用了三天，写五万字的硕士毕业论文我也只用了四天，工作中形形色色的各类报告我也统统是指如疾风、势如闪电，用不了多长时间就通通搞定。

可是这本书，我却用了整整半年多时间。

究其原因，还是因为心态的不同。

以前的那些论文都是校内或者专业领域传阅的。但是这本书不一样，这本书是要拿给更多人看的，如果有一百人买了我的书，其中有十个人把它看完，有一个人用心体会，那我为了这百分之一的读者，也要负起责任，至少绝不能拿一些我自己都不相信的道理、自己都做不到的事情去劝诫、要求或者误导别人。

再就是，论文的写法是有一定的套路的：开篇先是摘要全文内容，然后写一下本课题的国内外研究现状，接着逐步介绍一下自己做的工作，最后陈述一下本文的创新所在。诸如此类，只要按照这个基本思路来，基本不会出什么大错。但是写书就大不一样，面对这么一个带着全新挑战却又毫无固定套路可言的浩大工程，我反而有些无从下手了。

好在，我是一个很喜欢给别人讲故事的人。每次与好友聚餐小酌，酒过三巡之后的固定环节就是由我讲上几个故事助兴。看他们听得津津有味，我自然也就乐此不疲。

讲了这么多年，这是我观众最多的一次，自然要格外重视。所以，我也就只能拿出这个珍藏许久、压箱底的故事。

这本书里，主要都是我自身的经历，毕竟这段故事本身还是挺离奇、挺不一样的，应该也不会让大家感到乏味。不过，我虽然看过的书不少，但是身上终究没有十分专业的文科素养，胸中也没有太多可用的华丽辞藻，最后干脆就以对话的语气，一路用白话俗话串了下来，大家也读得轻松愉快。

如果不是因为这本书，很多回忆也许就会慢慢模糊淡去。找回这些回忆的过程，就是一个重新整理自我、回顾自我的过程。一路写下来，我既是作者，同时也成了本书的第一个读者。

自序

写到家庭和工作之时，我头一次体会到了长辈们的良苦用心；写到学校和学习方法之时，我也重新审视这一路走来的学习经历；写到朋友，我也更是倍加珍惜身边一段段来之不易的友谊。作为一个"纯种"的东北人，我是天生不善于说些肉麻的话来表达感激的，好在日子还长，我不会忘了伴随我成长的任何一个人。

我的思绪繁杂，但是文字水平却甚是有限。种种感想、种种观点，真正能够传达给大家的也许只有十之二三。但是我相信，应该有一些话能让你看过之后会心一笑，也应该有一些话能让你想到自己经历过的种种，想起埋藏在你记忆中的那些人和事。

家长们总是担心孩子会被各种各样的负面信息所误导，但其实我们是很聪明的。我们不是只会一味接受的机器人，很大程度上，我们都知道什么样的东西才是适合自己的，也天生会对自己不同意的观点嗤之以鼻、不以为然。

每个人的人生都不尽相同，一切的一切最终还是要靠你自己去选择。但如果这本书里有那么几句话，能够在你寻找属于自己的方向时帮上一点儿小忙，那谢谢你，你帮我找到了完成此书最大的意义。

第一章

"神童"的诞生

> "神童"这个称呼,主要是因为我14岁上大学这一件事。说来惭愧,其实这个光环经不起解释,因为根本没那么难。
> "5岁上小学,9岁上中学,14岁上大学……"这是我辉煌履历的开头。
> 对数字敏感的人可能已经注意到了,其实我在小学这个阶段,就已经比正常人早了3年。即是说,我现在所谓"神童"的成就,其实大部分来自小学阶段的超前教育。

差点儿变成科学怪人

直至今日,即使我已经二十好几、胡子拉碴,还是有很多刚认识的人称我为"神童"。

强调"刚认识"三个字,是因为只要是熟悉我的人,都会意识到两点,一是我很不喜欢这个称呼,二是我也没有什么神奇之处。所以接触久了,人们也就自然而然地不再提起那两个字。

"神童"这个称呼,主要是因为我14岁上大学这一件事。说来惭愧,其实这个光环经不起解释,因为根本没那么难。

"5岁上小学,9岁上中学,14岁上大学……"这是我辉煌履历的开头。

对数字敏感的人可能已经注意到了,其实我在小学到中学过渡的这个阶段,就已经比正常人早了两到三年。即是说,我现在所谓

第一章 "神童"的诞生

"神童"的成就，其实大部分来自小学那个阶段我所接受到的超前教育。

我的"不神"之处，接下来的一整本书里都会慢慢地说明。仅在这一章，就允许我吹嘘一下我"神童"的过往吧。

我出生在辽宁沈阳，是一个不折不扣的东北人。

沈阳素有"一朝发源地，两代帝王都"之称。这"一朝"指的是清朝，"两代帝王"指的则是清朝最早的两任皇帝——太祖努尔哈赤和太宗皇太极。

我是很能理解几百年前女真部落南下中原的动机的，毕竟东北这片地方到冬天实在是太冷太冷了。虽说"北方御寒靠装备，南方御寒靠意志"，但是装备再好也是有限度的。冬天零下二三十摄氏度的时候，要想不冷，除非把自己打扮成进村偷粮的狗熊模样。出门进门，衣服一穿一脱，等暖和过来，差不多得浪费十来分钟的人生。

东北算得上是春晚舞台上大放异彩的地域，特别是从1990年赵本山登台春晚后。可以说，东北人的幽默细胞早已在春晚上得到了广大人民群众的认可，这其中很大一部分原因就来自于东北话。

由于历史原因，东北话源于汉族与女真族、契丹族以及蒙古族、满族等各个民族几千年来的文化杂糅，甚至还包含一些别国语言。除此之外，因为东北地区气候恶劣，东北人们讲话必须很大声喊出来，否则风大雪大的时候，两个人即使面对面说话都很难沟通。因为这个原因，所以我们刚好与江南的吴侬软语相反，东北方言都是隐去所有不必要的音节，直来直去，言简意赅。

寒冷的天气不仅影响了方言，也毫无疑问地影响了一方文化以及这个地方大多数人的性格，使得东北人大部分热情粗犷，说白了就是大大咧咧。

我的家族世代在这片土地上生存，发源地是沈阳市附属的一个小镇，叫"满都户"。据说，这个小镇不是一个普通的小镇，它还颇有一番来历：

顺治年间，一皇族王子因罪被诛，全家被贬出京城，出山海关来到东北，行至该地落户，初期取地名满都一户，后更名为满都户。

小时候常听老人们开玩笑，说要按照家谱世世代代算下来，其实我们身体里还流淌着微薄的皇室贵族血脉。不过传到不知道是几代的我们这辈人，我们家族早就没有人再提这茬，更不敢惶称贵族后裔。

我的家庭情况极为普通。

我的父亲是警察，母亲是护士，我戏称这两个工作为"天灾人祸"组合，普通老百姓如果是碰到这两个职业的人，估计八成是遇上了倒霉的事情。还有一个共性是，我父母的职业都不是能够朝九晚五过双休的职业。经常是三班倒的父亲和四班倒的母亲，几乎每十二天就能完成一个循环，这是我对学习最小公倍数最初的应用。

也许是出于望子成龙的期待，从小，父母就对我颇为严厉，印象中他们从不曾以对待天真孩童的方式对待我。

我记得小时候，在我问出"圣诞老人会不会来"这样的问题时，我的父母会毫不留情地告诉我"圣诞节的事儿都是外国人编出来的"；在我眼巴巴地看着玩具垂涎三尺的时候，他们会直截了当地说出"不能买"三个字，然后追加五千字的做人道理来告诉我具体为什么不能买，最后以"想要玩具的话就自己想办法赚钱买去"为结尾……

如果我的成长之路上仅有我的严厉的父母的话，也许我就会一个人慢慢长大最后变成那种性格怪僻的科学怪人吧。不过十分幸运的是，在我的生命中，还有另一位至关重要的亲人出现，这个人就是我最爱的奶奶。

不能以常理度之的"神童"

我的奶奶可谓是一位奇女子。她出生在卢沟桥事变那年,至今80多岁,身子骨近来已不是很硬朗,走不了几步路就劳累不堪,但是嗓门儿还是一如既往地大,她说这是职业病。

说是职业病倒也没错,奶奶年轻时是一位小学教师,没有嗓子可镇不住孩子,久而久之,这练出来的嗓门儿可就低不下来了。别说她了,我们全家人,都被她带成了大嗓门儿,过年聚会的时候,说话就像吵架,要是真吵起来了,能吓得邻居报警。

奶奶喜欢标榜自己"桃李满天下"。这话我信,毕竟在那个教育不发达的年代,小学毕业就是好多人的最高学历了,小学老师这个职业也格外受人尊敬。更奇的是,就连我姥姥都是奶奶的学生之一,想想当年两方会亲家的场面,一定十分有趣。

奶奶一直以为人师表严格要求自己,从不愿意做任何为人诟病的事情。作为一位80多岁的老人，那些生活的波折和时光的磨砺并没有在她身上留下任何负面的印记。直至今日，她仍是一个愿意听人讲道理，能够接受新鲜事物的"三好"老太太。

跟众多传统家庭的大家长一样，奶奶总有操不完的心。现在想来，她的性格是人生经历使然。在我爸爸17岁那年，我爷爷就意外去世了。一个45岁的女人独自抚养3个孩子（我的大姑、二姑和父亲），搁到现在的话可以拍几十集的苦情剧。然而直至今日，我都未从奶奶那里问出过一丝一毫的感伤。即使我使出各种催泪攻势，奶奶也只是轻描淡写几句话就略过去。

对她而言，生活的重点，永远是那些开心的事情。而她最开心的事情，永远与我有关。

基于种种原因，奶奶45岁的时候办理了提前退休，开始了自己学前班（在那个年代叫育红班）的事业。由于雷厉风行的性格和独树一帜的教学方式，她的这个私人学前班在当地很快闻名遐迩。来报名的人踩破了门槛，甚至提前一年预约都未必有位置。

然而，在我3岁那年，奶奶还是毅然决然地停下了自己如日中天的事业，转而开始专心地培养我——她唯一的孙子。

几十年的教师生涯让奶奶积累了无数的育人经验，可就在她准备把这些经验用到我身上的时候,却发现,她面前的,是一个不能以常理度之的"神童"。

没错,"神童"——这是我在那个年龄段得到过最多的评价。

说话晚的小孩儿不一定识字慢

我说话比起一般孩子要晚些,奶奶着急,在我还不会说话的时候就自己写了一整套的认字卡片,教我识字。

这个学习过程其实很滑稽,因为我当时还不会说话,奶奶只能训练我把手放在她说的字卡上。你可以自行想象马戏团里教小狗算算术的画面,与我学认字时的样子如出一辙。

这种"行为训练"的方式,使得我在终于开始说话了以后,一下子变成了一个有"阅读强迫症"的孩子。不管是在家里还是街上,我一定要念出看到的每一个字,得到奶奶的表扬或者纠正,方才罢休。

奶奶最喜欢讲的故事之一,是有一次她骑自行车送我去幼儿园,为了赶一个绿灯,没等我念出路牌上马路的名字就匆忙骑了过去。我又哭又闹,结果是我们又多等了两组红绿灯,只为了返回来念出"南五马路"这四个字。

因为奶奶"识字卡片"的早教方式,我的识字量与日俱增。随之而来,我渴望更多的学习途径,但家里也没有藏书的习惯。很快,我就只能把阅读对象从路牌、小人儿书变成报纸。在那时的我看来,报纸是神奇的东西,字小小的,一页报纸上的字比一整本儿童画册上的还多。虽然有很多不认识的字,不过还好,母亲因为不耐烦一字一词地指点我,紧急培训了我的查字典技能。读的速度当然很慢,所幸那时候的我,最不缺的就是时间。

那一年,在沈阳中山公园跳舞和做早操的老人们,都看到过一幅颇有些魔幻风格的画面——舞池旁边,一个三四岁的小男孩,一手拿着《新华字典》,一手拿着当天的报纸,津津有味地看着。

曾经有一位爷爷偏不信邪,认为我是在装样子,非指着报纸要求我当众念一段拗口的时事新闻,结果我就真的念了一段,模模糊糊记得是关于香港回归的。那位爷爷惊叹不已,高呼服气,围观众人也啧啧称奇。

他们不知道的是,其实我当时也只是能念出那些字来而已。如果有人问我报纸上到底说的是什么意思,我未必说得清楚。近几年听过一种教育理论,是说从小培养孩子死记硬背大量生涩的名篇名段,诸如《道德经》一类,然后不给孩子解释,让他们在未来成长的过程中一点点地消化，融会贯通。这种方法尚不确定科学与否，不过与我的成长教育经历倒是异曲同工。

4岁的时候，家附近开了一家蛮大的书店，允许借阅，一次两本，按年收费。奶奶便常带我去书店看书，我也由此成为了这家书店最小的常客。

书店的借阅区是有设立"儿童角"的，但是儿童角真的只是个角，书的数量太少，内容又太浅。启蒙读物是《沈阳晚报》和《华商晨报》的我，开始觉得幼儿图书上左一只狼右一只兔的故事"十分幼稚"，且不禁看，奈何一本书加起来就没有几百个字，全是图画，几分钟就得换一本。没过几天，我就离开了儿童角，开始寻找所谓"大人的书"来看。也就是从那时，我爱上了"博览群书"——不管什么类型，什么体裁，什么形式，只要是有趣的东西，我都喜欢看，从不"挑食"。直到今天，依然如此。

那段时间，我享受到了肉体上极度不自由和精神上的极度自由——只要不离开书店，随我看什么书，奶奶都不去管我。还记得当时看完了整套的《还珠格格》（配电视剧插图版），几乎就是我的一本爱情启蒙书；各种版本的《十万个为什么》，大量的知识让我受益匪浅；还有好几本《名侦探柯南》（漫画），在我的幼年心底里几乎是留下了侦探悬疑不可磨灭的阴影。

这样的日子又过了一年，其间我换过几所幼儿园，每次都得到幼儿园老师们的一致好评："第一个睡着，最后一个醒，其余的时间都是捧着书一动不动，从没见过这么好带的孩子！"

小学前几年要学习的内容，奶奶已经在我的日常生活中潜移默化地教给了我。

在那个年代，学校关于入学年龄也还没有什么硬性的规定。

于是，"顺理成章"地，1999年，5岁的我背起了小书包，正式开始了上小学的日子。

第一次"跳级"史

一年级还是怪无聊的,唯一记住的一件事竟然是我爸妈配合我装病旷课(哈哈哈,不建议各位家长学习,权当玩笑)。

当时是正赶上我爸妈有一次去江浙沪旅游一周的机会,我也想跟着去,我爸妈几经思虑,竟然同意了。于是第二天我就以得了腮腺炎的名义请到了一周的假,那次旅行也是我第一次亲身感受到,原来除了沈阳,还有那么多有趣的地方。

当然,我爸妈能做出这样的决定,主要是因为一年级的课程对于当时的我来说,已经是不足以满足我的学习需求。

旅游完毕,这二人又一合计,既然一年级已经无谓地浪费了一年,那不如二年级就直接跳过吧。他们向学校申请让我跳级,学校同意了,只是说要先考个试,确定我是否具备跳级的资格。

考试的过程稍有波折,因为当时学校是直接拿出了一张二年级的期末考试卷子让我来答。数学倒是没什么问题，关键是语文，当时的题目有好多是这样的：

1.课文《A》中的甲说的"XXXXXX"是什么意思？
2.说说课文《B》教给了你什么样的道理。
3.默写课文《C》的第一自然段。

看到试卷当时我就傻眼了，因为跳级是突然做出的决定，我根本没看过二年级的课本，也不知道这些课文ABC都是些什么玩意儿，结果语文只考了50多分。

跳级考试没有通过，我只好继续正常地上二年级。可是我母亲不服气，她借到了语文教材，让我用一周时间认认真真地看完一遍，然后跟学校商量要求重考。学校也觉得我这50多分来得有些冤枉，于是同意让我再考一次。这次的结果终于是令人满意的100分了，我也终于如愿以偿地跳到了小学三年级。

在这里要补充一点，当广大家长在考虑是否决定让孩子跳级升学时，一定要充分了解并尊重孩子意愿，提前沟通好，考虑到孩子性格是否能很快融入适应新的环境等因素。

我的性格算是比较大大咧咧的了。

小孩子大多都不懂事,我比同班的孩子小两三岁,按理说是很可能会受人欺负的。所幸我的成绩一直名列前茅,老师对我略有偏宠,后来干脆把黑板抄题、批卷子一类的"重任"都交给了我。

记得有段时间我每天要提前到学校,抄满满一黑板的题目给同学们当作早自习的作业,因为年龄小、个子矮,还要搬一只凳子踩着,时时挪动,才能完成这项艰巨的任务,便有年纪大、个子高的同学主动帮我,我很感激。

三年级过半,母亲觉得应该给我找点儿别的东西学学。

当时我家里还没有让我学点儿什么乐器特长的意识,我的补习内容也仅限于各种学校内容的升级版,诸如作文、英语一类。不过真正对我产生深远影响的,还是"奥数",即"奥林匹克数学"。

学习小贴士

Q 补习班重要吗?大量报班是否必要?

A 补习班的效果有时确实是立竿见影的,但是这种情况只在孩子本身就对补习的内容有较大的兴趣时才会出现。强扭的瓜不甜,切忌看到别人蜂拥而至某个"名班",就非得让自己家孩子也挤进去凑个热度。补习班里有很多有趣的老师,也有很多专业的老师,但不一定都是适合自己孩子的老师。

学奥数，究竟有没有用

有很多孩子家长听说我小时候学过奥数，会来问我学奥数究竟有没有用。

其实我觉得，奥数的本质和普通的数学是一样的，只是难度和深度不同。我现在偶尔遇到同事们感慨"当年学那么多数学有什么用"，就会想起我当时中学时候一个数学老师曾说过的话。

当时是我们的英语老师跟数学老师争辩，说这个"数学无用论"，数学老师给出的回答是："你跟我辩论时用的逻辑，就是学数学训练出来的。"

这个说法很有道理，至今我仍时不时地回味一番。

我们学理工科专业的人身上，大多有所谓的"理工男""理工女"的气质，而这些气质说白了就是笃信"逻辑"，认为万事都有对错，都应该用道理去解决。

这种思维方式是把"双刃剑",好的方面是,我们做事情会井井有条,说话会有理有据;坏的方面是,我们往往习惯性地认为别人也是用这样的思维,所以我们既吵不过插队的大妈,也不太会安慰莫名生气的女朋友。

好了,说回奥数,奥数作为一项国际性赛事,是国际数学教育专家亲自命题,出题范围趋势超出了我们国家的普通义务教育水平,题的难度大大超过大学入学考试。有关专家认为,只有5%的智力超常儿童适合学奥数,而能一路过关斩将冲到国际数学奥林匹克顶峰的人更是凤毛麟角。

学奥数,难度是有的,但作用肯定也是有的,奥数对学生思维和逻辑的锻炼,也通常比普通数学要深奥些。

所以我觉得如果孩子有兴趣且有时间,可以尝试学习奥数。

总体来说,我对补习班没有什么坏印象,我当时很喜欢学习新东西,让我学什么我都会很开心。

戏剧性的是,小学这些补习班对我人生最直接的影响,是我在补习班无意间听到的两句话:

"在沈阳市,有一所神奇的学校,叫东北育才学校。

"这所学校里有一个神奇的班级,叫作超常教育实验班。"

我一生的轨迹,就被这无意间听到的两句话改变了。

第二章

东北育才中学

东北育才与一般学校最不同的地方，在于它不单单是一所学校，而是一个坐拥9个校区和13个学部的教育集团。除了常规的初中部和高中部，还有一大堆特色的学部：

有专攻竞赛，保送率高到高考前教室空空荡荡只剩几人的"科学高中部"。

有周恩来总理少年时就读，见证他说出"为中华之崛起而读书"的"东关模范小学"。

有直接面向日本留学，包揽了东京大学留学名额的"日语特长班"……

当然，最有特色的，要数"超常教育实验班"。

"超常教育实验班"

东北育才学校是一所赫赫有名的学校。

除去大小省市级奖项，光国家级荣誉称号，就有首批全国科学教育实验基地、全国计算机教育先进集体、全国青少年信息学奥林匹克竞赛先进学校、中国数学奥林匹克培训基地、首批中国科协青少年科技创新人才培养项目实验学校、中国创造学会创造教育实验基地、国家教育质量管理示范基地、全国聘请外国文教专家先进单位、清华大学射击队后备人才基地等数十来个。

此外，东北育才中学还有大批留学生遍及日本、美国、新加坡、英国等诸多国家，每年有很多毕业生会去往世界知名大学，英国牛津大学、剑桥大学，美国哈佛大学、加州大学、加州大学伯克利分校、普林斯顿大学、耶鲁大学、加州理工学院、宾夕法尼亚大学、芝加哥大学，日本东京大学、早稻田大学、京都大学、大阪大学，香港中文大学、香港理工大学等很多学校都能见到东北育才高中毕业生的身影。

无论是国内还是国际，东北育才都是一所颇具影响力的学校。

中国有名的中学大都有自己的独门绝技：黄冈中学靠密卷宝典，衡水中学靠雾霾跑步，毛坦厂中学靠高考加工，而东北育才，靠的是集团教学。

东北育才与一般学校最不同的地方，在于它不单单是一所学校，而是一个坐拥9个校区和13个学部的教育集团。除了常规的初中部和高中部，还有一大堆特色的学部：

有专攻竞赛，保送率高到高考前教室空空荡荡没剩几人的"科学高中部"。

有周恩来总理少年时就读，见证他说出"为中华之崛起而读书"的"东关模范小学"。

有直接面向日本留学，包揽了东京大学留学名额的"日语特长班"……

当然，最有特色的，要数"超常教育实验班"。

"超常教育实验班"与中科大少年班的学制颇为相似，专门招收11岁以下的小学生，用四年的时间（后改为五年）念完初高中的全部课程,并正常参加高考。

于是,"超常教育实验班"就有了一个效仿"少年班"的俗称,叫作"少儿班"。

在我迄今为止经历过的二十几年里,改变我人生走向的经历有太多太多,但是,如果让我挑出最不可替代的一段,那我会毫不犹豫地选择在少儿班的这五年。因为这五年的时间改变了我全部的思维方式,如果没有少儿班,后面的一切也都将不会发生。

少儿班的选拔方式颇为严苛,全沈阳市符合年龄条件(比正常上初中的年龄小2岁或2岁以上)的学生才可以报名,通过夏令营考试的形式,将报名的几千人留下不足百人作为预备,进行一年的课程学习后,再淘汰一批去东北育才普通初中部的初一,最后大浪淘沙剩下的三十余人才正式算作这少儿班的成员。

2003年的时候,少儿班的名气在沈阳市达到了巅峰,几乎可以说是无人不知无人不晓。也是名气使然,沈阳市的几家龙头补习机构甚至专门组织了"尖刀班",聘请东北育才的退休老师,专门针对想参加少儿班入学考试的学生进行训练。

但魔高一尺,道高一丈。少儿班的老师们听说了这种现象后,想出了一个更极端的选拔方法:

入学考试连续七天,每天上午和下午,分别组织一次一小时突击教学和一小时随堂考试，内容是补习班怎么也没想到的高中甚至大学课程。

我记得很清楚，当时数学考的有矩阵计算以及密码学的内容，语文考的是汉语言文学中的造字法，物理考的是游标卡尺读数，英语就朴素些，直接发了一大张四六级单词表让我们背。此外，还有专门考验孩子课外知识储备量的"杂学"考试。

如此剑走偏锋却又堂堂正正的考法，完全避开了各大补习班的"精准押题"。让我们这些9岁到11岁的小学生，通通一起从零开始，比的就只是单纯的速学、理解及掌握能力。这方法任谁看了，也得说句"服气"。

一周下来，有些课我听得认真，也算是学得明白，但是更多的课程我只听了个云里雾里。考试全部结束之后，我无意间看到了我的总成绩是485分。一周共14场考试的总分是1400分，我粗略一算自己只勉强得到了总分的三分之一多一点儿。

家里人得知我的成绩后，一声长叹，对少儿班一事断了念想。

当年报考东北育才少儿班的名额还是分配到各个小学的，由于我所在的小学水平一般，所以只分到了一个名额。我当初是经历了层层选拔和淘汰，才从一众人群中获得了这唯一的考试资格，如今却只考了这点儿分数，当真是辜负了大家的期望。

可是终究没有什么办法，在等待成绩公布的一周里，我也只能垂头丧气地回到小学继续上课，感受着周遭或叹息或不屑的目光。

到了该取正式通知单的那天，由于成绩实在很低，我们已不抱任何希望，快到中午时，我爸妈才抱着走完程序收尾的心态慢吞吞赶到学校。那天是周末，学校里只剩一个看门大爷，一听到他们报出我的名字，当即笑了出来："真没想到还有你们这么心大的家长，竟然这时候才来，快进去吧。"说着，他递出一张小纸条。

纸条上面写着：请准备好王雍尧的××、××证件，××日到学校办理入学手续。

父母面面相觑，琢磨了好一会儿，怯生生地问："这是通过考试了的意思吗？"

大爷又止不住地笑："有这张纸条就代表你家孩子考过了，准备来我们学校上学吧！"

他们这才敢相信，高兴得不行，忙不迭地赶回家中宣布这个好消息。不到半天，我家所有的亲朋好友和亲朋好友的亲朋好友，乃至亲朋好友的亲朋好友的亲朋好友，都赶来恭贺我老王家出了个被育才少儿班选中的小"神童"。

而那时的我自己却很单纯，没有想过"少儿班"这三个字到底代表着什么，只知道因为被大家夸奖了而傻傻地高兴。

对"天赋"一词的把握

很多家长们对于"天赋"一词呈现出两极分化的理解：

一类家长忽视天赋，认为不管是什么样的孩子只要努力了都应该能达到同等的成就；

另一类则喜欢夸大天赋的作用，看到成绩好的孩子就会说"这孩子真聪明"，而看到那些成绩垫底的，就算嘴上不说，心里也会暗暗想，"这孩子估计是笨"。

这两类家长往往会对应地教出两类孩子：

第一类苛求完美，只要自己做得不是最好，就会自怨自艾；

第二类则是轻易地自暴自弃，反正在他们心中，比自己优秀的人都是因为聪明，而那些不如自己的人当然就是因为愚笨了。

从我很小的时候开始，在我考试没得第一名，试图用"还有那么多人不如我呢"这种话做借口寻求安慰时，父母总会毫不留情地用凶狠的东北话呵斥我:"就知道往下看,就知道跟不如你的比,你咋不多跟考第一的比比呢?"

在这种教育方式下,我变成了第一类孩子,想当然地认为自己就应该拿第一名,除了第一名,其他的名次没有任何意义。而一旦考试不如我心意,哪怕我是第二名,第一名仅仅只比我高一分,我也会自责愧疚很久,一遍遍反思自己,是不是我还是努力不够?是不是自己粗心大意的毛病又在考试中犯了?

我陷入了不好的情绪,但我更不敢跟我父母说,因为我没有拿到第一名,他们肯定不是满意的。

我现在反思自己小时候父母对我的教育方式,客观地说,是有利有弊。父母的高要求在某种程度上激发了我追求完美、敢于拼搏的前进精神,但同时,这也让我越来越害怕面对失败和否定。

那几年,我拿第一名的次数确实很多。但如果没有什么事情改变我的话,也许我会顺风顺水一阵子,然后摔倒在人生的某一次坎坷里再也爬不起来。

还好有少儿班的存在,让我慢慢学会正视"天赋"这个模糊却切实存在的概念。

"天赋"和"努力"哪个更重要

那一年,少儿班入学的分数线是455分,在录取的68名预备生里,我的成绩排在末尾的四分之一,而成绩最好的那拨人,都在650分以上。

这拨人,应该都是千里挑一的"神童"了吧?

事实上,多年以后的今天,当年那些和我一起毕业的中学同学,大多现在确实都在国内外顶尖单位里从事着令人艳羡的工作。

当年那些成绩在650分以上的人,大家都以为他们是智力极高或者在某一方面极其有天赋的人。我曾经也想象过一些影视剧里的情节,也很想说些奇葩而有趣的故事分享出来。譬如,有人看书看一眼就能记住,十年不忘;有人天生就能速算出几十位的高阶运算,比电脑都快;有人从不看书,却笔下生花,著作等身……

可惜,我真实看到的,是一群有天赋但更多是努力的普通人。

有一位M同学，从入学开始就表现出惊人的数学天赋。数学老师给我的评定是"题必做过而后能会"，而给M的评价则是"天生学数学的料子"。高二的时候，数学奥林匹克竞赛，我报了奥数班，辛苦学习了好几个月，最后只得了个可怜的三等奖。M没有报班，却在没有进行过任何专业训练的情况下，理所当然地得了一等奖，进而通过了北大的保送考试。

这样的人，算是天才了吧？

然而我看到了，天才的日常，聪慧如他，也是一刻不停地做着一本又一本习题册，生怕自己掉队。而我们后来讨论那次奥数竞赛，我问他为什么对自己那么有把握都不来上奥数班，M同学表示自己其实是更喜欢一个人安安静静地做题，他说，其实奥数题做多了不同的题型，大抵逻辑也都差不多。

有一位J同学，高二时的成绩还是班级里中游的位置，高三时却像换了个人般，一次成绩好过一次，最后考到了香港科技大学。前几年见到他，刚从瑞士交流回来，博古通今，脑洞清奇，戴一顶骑士帽，悠然自得，集儒痞于一身。

这样的人，该算是天才了吧？然而我也曾经看到，自在如他，也在高三的每个熄灯后的夜晚点着手电，奋笔疾书，红眼鏖战。

在少儿班的五年时间，看着周围跟我一起成长的朋友，我深切地感受到每个人身上的不同，也看到每个人都有自己擅长的地方，每个人也都很努力。

从他们身上，我也开始正视自己，我可能某一科考试不如某个同学，但我也有我擅长的科目和方向，我不会再一味地跟别人比较成绩好坏，不会把每一次考不到第一名都归咎为肯定是自己哪里做得不好。

从一开始，"超常教育实验班"这个名字就似乎是在告诉我们：这个班的存在本身就像一场实验，而我们每个学生都是实验品。少儿班每年一届，我那年是少（18）班，现在应该已经到了（32）班或者（33）班了吧。这场已经进行了三十几年的实验，未来应该还会继续下去。三十几年来，这些教育者一直在研究到底什么是天赋，研究到底怎样才能把这些"神童"的天赋转化为成就。

但在我看来，结论早已站在我们的面前——真正最终能取得成绩的天才，是那些能够了解自己的天赋，然后通过不懈努力让自己的天赋得到施展的人。

在这个过程中，天赋和努力两者，缺一不可。但如果非要比较，努力的程度肯定是比天赋更重要。事实上，有天赋的人也都很努力啊。

我对"天赋"的理解

我整个中学五年的第一次也是最后一次在成绩上技压群雄，是在开学后的第一次期中考试，确切地说，是在出成绩的第一天。当时只出了物理和语文两科成绩，我都是第一名，激动得脸直发烫，幼稚地拿着铁文具盒贴到脸上降温。晚上放学的时候，耳边听到的，全是别的孩子跟家长说"第一名是王旌尧"之类的话，心里充盈着满满的自豪和开心。

然而现实在第二天浇了我一大盆冷水。第二天出了数学和英语成绩，我数学只拿到了十几名，英语更是几乎垫底。总分算下来，我连前五名都不是。

当时十岁的我，倔强地看着窗外的景色，任由泪水模糊视线，心中满是不甘，发誓一定要拿回我的第一。

一晃五年过去，直到毕业，我仍然没能实现我的誓言。但有趣的是，即使到了今天，我回想那段往事，并没有太多懊悔的情绪。

放弃争第一似乎是一种因为做不到无奈而退而求其次的行动，听起来很让人泄气，但是某种意义上，只有当你的视线从终点线上移开，转而去关心脚下和眼前的路时，才真正有可能走到你期盼中的那个位置。

每个人都有自己的天赋：就学科而言，有人喜欢学文，有人喜欢学理；就动静而言，有人擅长运动，有人擅长动脑；就速度而言，有人适合速学，有人适合循序渐进；就连在努力方面，也是有的人能够专心致志数十年如一日，而有的人的兴趣停在一件事上半个小时就算难得。

世间众人，男女有别，高矮有别，美丑有别，不需要事事都向别人看齐，找到了自己真正喜欢并擅长的方向，那就是你的天赋之所在。

学习小贴士

Q 如何权衡天赋和努力？

A 每个人自己的天赋都是需要在成长的过程中不断展露出来的。在成长的过程中，不断地努力，但是根据天赋来调整自己努力的方向，这才是最有效率的方式。

再议"少儿班"

少儿班的存在到底合理与否,多年来争论不休。那些认为少儿班应该停办的人有一大事实依据,就是那些在分流考试中被淘汰掉,被迫回到育才普通初中部重新读初一的学生,几乎个个也都成绩优异,至少从考取的大学来看,平均水平与少儿班不相上下。这不禁让人产生疑虑,如果少儿班的这些孩子不那么"揠苗助长",而是安安心心地多念两年书,是否未来的成就会更大呢?

这类担忧,也是少儿班的教育工作者们三十几年来不断思考的问题。不过不管怎么说,他们都始终在寻找着速度和成果的最佳平衡点,把毕业时限从四年提高到五年就是一个无奈却又比较合适的决定。

每年高考,新闻都会爆出很多一味追求速度的极端案例,我就亲眼见过一个。2003年的时候,班里突然出现了一个"插班生",

年纪比我还小一岁。我前一天刚刚在报纸上见过他，所以看他眼熟。后来得知了具体情况，原来这孩子仅仅只用了两年就上完了小学，由于太过聪明，获得了到我们这个所谓"神童集中营"破格试读的机会。

可这位插班生，在我们班只待了一个上午。

在与他接触的短短一个上午里，几位老师都做出了同样的判断——他还不具备在集体环境内上课的基本能力。

两年后，这位神童参加了高考，考上了天津的一所二本学校，成为全国年龄最小的大学生；2008年，他去了北京工业大学，成为全国年龄最小的硕士研究生；2011年，16岁的他成了最小的博士生，这回是北京航空航天大学的数学专业。

如果单看学校的话，他倒是走了个曲线救国的路子，一个比一个好。但可惜，直到现在，他的博士还是未能毕业。他抢出来的时间，似乎正在一点一滴地被老天爷拿回去。

我看过很多关于他的访谈节目，每次都充斥着浓浓的火药味和负面情绪，他在节目里的讲话态度总是有几分极端。但我想，如果他当年能够融入集体的话，可能一切都会大不一样。

在少儿班的这五年，我们虽然没有发生过电影里惊心动魄的桥段，却也有无数该在这个年纪发生的趣事。中学伊始，我们就被拉到真正的军区军训，以幼小的身躯体会到了累与痛；第一年结束时，残酷的分流考试到来，我们的人数由68人锐减到34人，女生数量更是缩减到了可怜的5个；到了第三年，我们开始了两周回一次家的住校生活，从此成为彼此的家人。

与一般中学同学间的疏远不同，直到毕业十年后的现在，我们少（18）班同学间的联系始终亲密，从未间断。一是因为我们都是中学五年的同学，彼此早已成了人生挚友；二是因为我们身份相同，不管到了哪里，大抵要继续背负"神童"的名号，至于其中的酸甜苦辣，也只有同为"神童"的我们才能体会。

但无论如何，五年结束，我们都将因为高考而分开。

大家寒窗苦读十数年，为的就是拿到那张自己心中向往的大学的录取通知书。

可我万万想不到，我的大学录取通知书，竟然是两份。

第三章

巧遇少年班

老话说，"高考就是千军万马过独木桥"。这话残酷，却不假。

从某种意义上来说，高考是决定人命运的种种形式中最公平的一种。即便你是天下公认的神童，那"千军万马"在你面前也不会展现出丝毫的谦让。只要分数比别人低，任你是何方神圣，也得乖乖地排在别人的后面。

缘何报考"少年班"

老话说，"高考就是千军万马过独木桥"。这话残酷，却不假。

从某种意义上来说，高考是决定人命运的种种形式中堪称公平的一种。即便你是天下公认的神童，那"千军万马"在你面前也不会展现出丝毫的谦让。只要分数比别人低，任你是何方神圣，也得乖乖地排在别人的后面。

不过，除了挤过这座独木桥，还有一种特别的过河方式。这种方式有些"跃进"，一直以来都是大众眼中的"旁门左道"。尽管如此，每年还是会有很多人愿意试一下，因为，如果真的能一跃而过，就能省去不少时间，早早挤进全国顶尖的象牙塔中。

这种"跃进"的方式，就是少年班。

第三章 巧遇少年班

在我高中的时候,对中科大少年班的了解仅限于报纸上的只言片语。毕竟,当时的我是从没想过到这个地方念大学的。

原因很简单:我读了五年的"少儿班",也因为这个"少"字经历了五年的非议和误解,所以除非万般无奈,我绝不愿再与这个"少"字有任何关联。

不过,在我们育才少儿班里,报考少年班倒是一件稀松平常的事情。毕竟,从规矩上来说,只要是我们少儿班的人,就都符合中科大少年班"不高于16岁"的要求。最难的硬性指标既已符合,也就自然而然地会有很多人往这个方向上考虑。

我身边就有两个好朋友热衷于此。在与他们闲聊的过程中,我也得知了不少关于少年班的事情。其中有一个关键的信息是,如果决定报考少年班,就必须提前一年向中科大递交报名申请,而且一旦报名成功,就再没有退路,因为在高考时,报考少年班的学生会被分到一个专门的考场和一组特殊的考号,虽然考卷也是一样的高考试卷,但是这些学生将不再有填报志愿的资格,而只有中科大少年班这一条路,此可谓"不成功,便成仁"。

刚进入高三的时候,很多同学已经有了自己心目中向往的大学。学习顶尖的几位仁兄在清华和北大间摇摆不定,也有思想前卫的暗暗瞄着香港的几所名校努力,还有一小撮人,已经以出国或保送的方式提前解放、逃脱苦海。

而当时的我——就如二十几年来大多阶段的我——是很迷茫的。我父母都没读过大学，也没有什么所谓的名校情怀，这使得我从小到大都对"大学"这个名词没有什么概念，自然也就缺少了高三学生该有的向往。

某一个周末，基本不怎么关心我学习的父亲，可能觉得终于到了他该帮忙做些决策的时候了，破天荒地跟我聊起了有没有什么想去的大学。

我当时正值青春期，父亲的脾气也很火爆倔强，我们的聊天甚于烈火遇到炸药，没说几句便吵了起来。他责怪我对自己的人生没有规划，我一时嘴硬，大喊自己早已想好。父亲不停追问，我脑子一热，随口胡说道："我有自己的规划！我的规划就是中科大少年班！"

一场"少年班"闹剧

父亲愕然,再三询问我到底是不是认真的。我与他较劲,咬牙一遍又一遍地说"是",他竟然信以为真,当天便打电话问了学校的老师,准备给我报名。

一问才知道,原来当时正好是报名表寄出截止时间的第二天,想报名也来不及了。

然而,在这种大事上,父亲的行动力超乎我意料地强。他竟然当机立断,坐火车赶去了中科大的所在地——安徽合肥。

父亲坐了几十个小时的火车,下了车便直奔中科大少年班系的教务处。教务处的老师大概都蒙了,第一次遇到这种家长亲自从沈阳赶到合肥报名的情况。而且有趣的是,火车的速度比快递快得多,我的报名表竟然比我那两个朋友的还早到几天。

这样比较的话,倒也不算坏了规矩。教务老师当即收下了报名表，给了父亲一张确认函，说还需要我本人在确认函上的签字，报名才算正式通过。

父亲冷静下来，方才觉得这件事做得有些冲动了，毕竟是决定自己儿子人生的大事，竟然都没详细了解过，如此仓促地就定了下来，实在是有些不该。这时正好有几个学生来教务处办事，父亲就跟他们聊了几句。

不聊不知道，这一聊可真是吓到他了。少年班的这几位学生，竟是高考分数一个赛一个地高，从650分到670分不等，而且更气人的是，他们表示周围的同学基本都是这样的分数。要知道，在2008年的辽宁省，高考670分是可以上清华北大的。

父亲回到沈阳后，马上赶到学校，把我叫出去吃了顿午饭，与我商量该如何是好。

根据我后来的推测，他八成是不小心问到了"少年班学院"的"00班"系的人了。"00班"在后面还会提到，那是一些正常年龄的高考分数极高的优秀学生，别说670分，就是700分的也大有人在。另外，各个省份的分数线也大不一样，甚至还有900分满分和450分满分的省份，这些人的分数就更没有参考价值。

不过，当年的我们爷儿俩可是一对糊涂虫，满心想着：这少年班估计是考不上的，还是趁早放弃为好，免得到时候连条后路都没有。更何况，本来我就是因为吵架置气才闹着要报这个少年班，对它其实根本毫无向往之心。

于是,大糊涂虫与小糊涂虫一拍即合,当场撕掉了报名确认函,就当一切没有发生过。

然而,这场少年班闹剧,在这里只是画上了一个逗号。

学习小贴士

Q 填报志愿、选择专业应该考虑哪些因素?

A 兴趣很重要,但是要牢记一点:对一个专业方向的兴趣一定要基于对这个方向有最起码的了解之后,绝不能凭着从别人口中或者电视、网上看到的只言片语就妄下决定。另外,在这个"智能时代"里,越容易被人工智能和机械取代的专业方向,就越是要谨慎对待。

第一次填报志愿

2008年6月7日，我踏入高考考场。当然，这并不是为少年班专门准备的特殊考场，而是与绝大多数人一样的普通考场。

我不算是一个心理素质很好的人，但是高考那几天却神奇地没有半点儿焦虑的情绪。与我相比，母亲倒是显得格外紧张，不但主动买了所有我爱吃却舍不得买的东西，还把凉爽的主卧借给我睡，颇让我有几分"稀世宝贝"的感觉。改变命运的两天，我就在这种奢靡的物质享受中欣然度过。

然而，心理上的轻松愉快并不代表我能够超水平发挥。相反，仿佛是高考之神有意惩罚我对他的不屑，那年的高考题目颇为奇怪。我最擅长的化学题目出了争议，完全打乱了我的理综答题思路，最后的分数也远远不及我整个高三任何一次模考的理综成绩，数学、语文也不顺利，至少从最后分数上来看没有发挥出正常的水准。

幸运的是，我最差的英语反而异常简单，甚至由于英语是最后一科，我在答完卷子后，还如释重负地在考场上睡了一觉。

　　考后估分，估的是一个很难令人满意的分数。我心中就揣着这个不上不下的尴尬成绩，进入了填报志愿的阶段。

　　2008年是辽宁省第一次实行"平行志愿"模式，第一志愿可以投报3个学校，每个学校可以投报6个专业。由于我家里没有几个对大学比较有研究的人能给我参考，我临时抱佛脚地狂翻志愿填报指南一类的书籍，报了几个我觉得不错的学校和专业。

　　填报志愿是一个很矛盾的事情：中学的我们，熟悉课本里的每一种题型，却对这个世界一片茫然，我们心中的各个专业各个行业，其实根本不是它们真实的样子。可是这么重要的决定，却又不得不在这个茫然的时候做出抉择。

　　如果让现在的我穿越回去，我一定会狠狠地骂当年的自己做决定都太盲目，骂完却也只能无可奈何地笑笑。

　　总之，一切的一切，让我在大学里重新开始吧！

　　事情当然没有那么简单地结束。

　　我的人生，似乎注定了充满变数。

意外收获

一个多月后,高考出分,整个辽宁省上下一片喧哗。

由于是第一年实行平行志愿制度,那一年辽宁省的各大名校分数线上上下下乱成一锅粥。这种形势下我的前两个志愿校的分数线变得异常地高,而我的保底志愿,是大连理工大学。

最终,我的分数比大连理工大学的录取线高了几十分并被录取。面对这个结果,我心里自然是有些不甘,却又无可奈何。高考是最残酷的制度,没有任何人能改变既定的结果。除非复读一年,否则没人有第二条路可以走。

不过我也没想到,当真会有意外出现,第二条路真的就摆在了我的面前。

就在分数线公布的当天,中科大少年班打来了电话,通知我去

第三章 巧遇少年班

参加他们的复试。

接到这个电话以后,我全家都蒙了。距离那场报名闹剧已经过了一年的时间,我们早已把少年班这茬事忘在脑后。然而,命运就在暗地里默默地对我开了一个玩笑,仿佛在说:"转了一圈,你终究还是要回到我这里。"

这次少年班入学的复试,无疑是一次大好的机会,要放弃吗?我与父亲对视许久。

"——去吗?"

"去!"

8月,糊涂虫爷儿俩就这样糊里糊涂地踏上了赶往中科大的旅程。

第四章

少年班同学录

> 因为这段奇妙的经历，我对少年班的感情是复杂而抽离的。坦白地说，我其实一直未能完全融入少年班的氛围之中，但这也使得我可以以一个更冷静的眼光，近距离观察这些外界人眼中很神秘的天才。
>
> 在我毕业后的六七年里，遇到的每个人都对少年班充满了好奇，但他们又很少有机会了解到真正的少年班是什么样子的，他们所听到看到的，大部分都是些片面之词。而少年班这个特殊群体，又岂能以一言以蔽之。

"中国第一神童"宁铂

2015年,孙红雷主演了一部名叫《少年班》的电影,讲的是西安交大少年班的故事。由于该片的导演肖洋就是西安交大少年班的毕业生,我对这部电影充满了期待,希望它能够把人们心中关于少年班那些光怪陆离的印象扭转过来,让人们知道真正的少年班是什么样的。

然而,很惭愧地说,我最终没能把这部电影完整地看完。

我能够理解导演在拍摄过程中的矛盾,毕竟电影是要赚钱的,如果规规矩矩按部就班地拍一部纪录片,那未免太过死板了。但是,我还是没想到,一个少年班出身的人,竟然为了迎合市场,真的把自己所在的群体拍成人们心中所想象的样子。这种一味夸张的拍法,就好比内蒙古的导演让自己影片中的孩子骑马上学般缺少了真实性。

第四章　少年班同学录

我是2008年高考后，意外地收到了少年班的复试通知，是当年唯一本来没有准备报考这里，却被录取的学生。因为这段奇妙的经历，我对少年班的感情是复杂而抽离的。坦白地说，我其实一直未能完全融入少年班的氛围之中，但这也使得我可以以一个更冷静的眼光，近距离观察这些外界人眼中很神秘的天才。

在我毕业后的六七年里，遇到每一个人都对少年班充满了好奇，但他们又很少有机会了解到真正的少年班是什么样子的，他们所听到看到的，大部分都是些片面之词。而少年班这个特殊群体，又岂能以一言以蔽之。

我有一位同事，他的孩子才刚上小学，他就急着为孩子规划未来。他经常跟我说："我也想让我的孩子成为神童，早早地硕士博士毕业，可是我又担心会把孩子学傻了，到时候不但没成才，反而变成一个废人。"

我虽然觉得他的这番话前后是有些矛盾的，可是同时又觉得无可奈何，因为他说的真的就是很多人对少年班里人们口中的"天才神童"最普遍的看法。

我曾经打开某网站上一篇比较火的帖子，里面清清楚楚写着："享受'超前教育'的学生往往存在一些共同弱点，如不会自理、不懂交际、比较自负、神经衰弱等。过早地开发学生的智力，使早慧少年早熟，这是十分危险的。这样做不仅不符合少年身心发展规律，也违反了自然规律。超前教育名为快出人才，早出人才，实为揠苗助长，是少年教育的误导和误区。"

这篇帖子被很多人顶起来纷纷表示赞同，底下更是一众对少年班的攻击和诋毁。当然对于这个贴文里这种说法并非空穴来风，这些年社会上关于少年班的负面新闻报道的确不少，其中最为轰动一时的是当年促成少年班诞生的最早一个"神童"——宁铂。

1977年，江西冶金学院教师倪霖致信当时的国务院副总理方毅，举荐江西赣州13岁的天才少年宁铂。次年，宁铂受到方毅副总理接见，两人对弈围棋，宁铂全胜。随后，1978年，中国科大少年班成立，倾注了整个国家被压抑十几年的科学热忱。当时，整个社会对人才的关注和渴求使得少年班的关注度达到了高峰，少年班成了"天才"和"神童"的代名词。宁铂是第一个少年班特招学生。

然而，也正是这位"中国第一神童"宁铂，在经历了一系列不算愉快的经历后，于2003年遁入空门，在五台山出家。

中科大少年班创立四十余年来，像宁铂这样的神童"伤仲永"的故事从未断绝，但是几经波折的少年班还是延续了下来。

少年班究竟为何处于风口浪尖而仍能存在？

说到底，还是因为人才。自1978年创建起，截止到2016年，中国科大少年班一共培养了3167人，18%~20%左右在留在学术界，其中包括两位美国科学院院士，一位中国科学院院士。据不完全统计，他们中，在国内外做教授的超过250人，哈佛就有5人，清华有6人；6位少年班校友获得麦克阿瑟天才奖（被视为美国跨领域最高奖项之一）……

而这还仅仅是学术界的数据，在商界，微软、九城、紫光、创维，这些商业集团的最高层通通都有少年班人的身影。

据统计，这些人的平均年龄，不到40岁，未来的十年二十年里，还会有更多少年班的人才出现在大众的视野里。

学习小贴士

Q "超前教育"是否应该？哪些孩子适合？

A 超前教育是一场试炼，而让孩子接受超前教育则是一种赌博的行为。比起智商，更重要的其实是孩子的情商，或者说承受能力和自控能力。只有熬得过这场试炼的人，才能够去拥有其带来的好处。

百度总裁张亚勤与九城总裁陈晓薇

少年班和任何其他教育体系一样，都有成功的例子和失败的例子，而且成功的例子不在少数。

举几个具体的例子吧。

少年班的毕业生中，第一号人物绝对是张亚勤，他的名声最响，名号最好听。作为少年班的首届毕业生，宁铂的同学，他的经历任谁一听都会高呼牛人："张亚勤，12岁成为当年中国最年轻的大学生，23岁在美国乔治·华盛顿大学获博士学位，34岁执掌微软亚洲研究院，38岁成为微软全球副总裁，40岁任微软中国董事长，48岁加入百度任总裁。"

另一位也是总裁，还是一位女总裁，她叫陈晓薇，是中科大少年班1983级的学生。她在十年前的知名度绝对超过张亚勤，中国有五百万《魔兽世界》玩家对她是又爱又恨。在她担任九城公司总裁的几年里，由于决策失误，九城输给了网易，丢了《魔兽世界》的中国代理权，其连锁反应，造成后来的《魔兽世界》的80级新版本《巫妖王之怒》在中国大陆地区上线晚了十个月，几百万《魔兽世界》大陆玩家"流离失所"，只好转战其他服务器。但人无完人，陈晓薇担任九城公司总裁的失误也不能否定其全部能力和事业上取得的成绩。

再说说少年班现在最年轻的名人吧——曹原，少年班2010级的学生，说来惭愧，算起来他还是比我小两届的师弟，但是成就可比我高上太多了。作为一名22岁的麻省理工学院在读博士，他在大名鼎鼎的《自然》期刊上连续发表了两篇文章，也打破了《自然》的作者年龄纪录。他的研究使得已经停滞多年的高温超导理论有了新的突破，是真正意义上的改变了人类的历史进程，也当之无愧地获得了"2018全美十大华人杰出青年"的称号。

这些年来，少年班的毕业生，一次又一次地证明了一件事，就是少年班真的是一个培养人才的地方。

但是当媒体提到"少年班"这三个字的时候，更多的是负面新闻，这些新闻的关键词也有"神童""天才"，然而后面紧接着的是"退学""出家"甚至"自杀"。每当看到这样的新闻消息，"键盘侠"们都会如痛打落水狗般，狠狠地抹黑几句才肯罢休。

谁曾想过,让宁铂这些天才夭折的根本原因,是他们头上的光环。而那些"光环"底下的"神童",仿佛因为有这些"光环"的笼罩,他们必须优秀,他们一定不能失败,并且,除了最终必须成功的结果,他们的努力也不会被看到。

有学者说,少年班的存在是违背自然规律的,可说到自然规律,到底什么才是真正的自然规律呢?任何一种培养方式难道不都会培养出成功者和失败者两种结果吗?

而只有当我们抛开"光环",抛开崇拜与偏见,用平等或者客观的视角看待少年班,才能得出最中肯的结论吧。

真实的少年班是什么样子

前面说了那么多,那么,真实的少年班是什么样子的呢?

少年班这种特殊的大学教育形式,曾经像共享单车一样,在短时间内大量爆发又迅速消亡。如今硕果仅存的两家,是中国科学技术大学少年班和西安交通大学少年班。

中科大少年班每年招收16岁以下的高中生,通过高考和复试两层选拔,确定录取后,与另一拨高考成绩极其优异的正常年龄的"00班"学生,合并入"少年班"学院。入学后先要学习一年的各专业基础课,在大二的时候根据自身意愿自由选择专业。从此之后,便与该专业学生一视同仁,没有任何特殊之处,直至毕业。

为此,有学者质疑:费那么大的劲,从全中国选来几十个优秀的少年,却让他们融入芸芸众生里,这种培养人才的方式,真的有效果吗?

毕业于少年班的千名学子,有一个共识就是:"神童"这个词,是对大家努力的否定。

少年班的人很聪明,真的很聪明,但是聪明绝对不足以掩盖大家成功路上的努力。有句话叫"你必须很努力,才能看起来毫不费力",这句话也同样是少年班众多孩子前进路上的指路明灯。

在每个少年班毕业生辉煌的履历背后,都有着无数努力的汗水。这样的话可能显得很俗,却是最最真实的话。成绩不能简单地用天赋乘以努力来计算,却必与这两者相关。

要知道,少年班一直以来的选拔方式,可不是用什么高科技的仪器测智商,而是真刀真枪考试考出来的成绩。

而我,就在毫无任何心理准备的情况下,开始了中科大少年班的复试。

在高考这个人生的重要路口,我在没想好该不该走这第二条路的情况下,就试探性地迈出了步子。

第五章

少年班复试二三事

2008年的时候,沈阳到合肥还没有直达的火车,需要在一个叫蚌埠的地方等上半天才能转车,算上列车晚点耽误的时间,单程就要近三十个小时。

一路上,我和父亲就这次的报名事件讨论了许久。按理说,我是不应该有资格来参加这样一场复试的,现在中科大却通知了我,八成是因为今年高考政策改革,导致哪里出了岔子。

这本应是一件让人寝食难安的大事。但所幸,我们两个都是盲目乐观的人,既然想来想去也想不出什么有用的结果,那多想无益,不如当作这是老天爷给的一次机会,等真考过了复试再说吧。

第一次走进中科大

很多人都对自己的大学和其所在的城市有着说不清道不明的感情，即使几年过去，提起来还是能够如数家珍。

而我一想起合肥，我脑子里就只剩下一个字——"热"。

那种热，是一种我这个东北人连想想都会窒息的热。还记得到合肥的那一天，盛夏的8月，在火车门打开的一瞬间，我就马上感觉到一股凶猛的热浪试图将我推回去，那应该是合肥这座城市给我的第一个下马威。

恐怖的阳光很快侵蚀了我的意志，让我心里原本"来到了新城市要四处看看"的欲望顷刻间灰飞烟灭，取而代之的是对空调房由衷的渴望。

我跟父亲用最快的速度找了中科大对面的一家酒店住了下来，打开空调，洗澡更衣，躺在床上，再也不想走出去半步。

我有两个原本就打定主意考少年班的同学，他们为报考中科大少年班所做的准备都比我好很多，自然也接到了复试的邀请。

第二天一早，我们三个在这家酒店的大堂顺利会师。三个好朋友，高考之后一个月，在远离家乡两千公里之外的陌生城市再会，我们不禁百感交集，由衷感叹：

"好热啊……"

"是啊，都不想考了……"

"嗯……"

一番感慨埋怨后，怀揣着对酷暑阳光的敬畏，我们正式踏进了中科大的校园。

这不是我第一次进入大学校园，小时候去过几次地处沈阳的中国医科大学，去北京旅游的时候也走马观花地去过清华和北大。不过这是我第一次以考生的身份进入，而且说不定以后就要在这里待上四年，心情很是不同于往日。

但是说实话，当时映入我们眼帘的，是一栋栋砖瓦斑驳的楼宇，整个校园透露着一股年久失修的感觉；再加上天气炎热，地面蒸腾，中科大给我们的第一印象，着实是不怎么样。

关于中科大

我是在到了中科大以后的几年里,才慢慢开始了解这所"不一般"的学校。

中科大特殊之处众多,自校训开始。

大学的校训,有些出自古代经典,如清华的"自强不息,厚德载物"、复旦的"博学而笃志,切问而近思";有的言简意赅,寓意鲜明,如人大的"实事求是"、上交的"饮水思源";唯有中科大的校训自成一派:"红专并进,理实交融",不文不白,普通人能一眼看懂的估计没有几个。

别看这校训奇怪,说出这八个字的可不是一般人,而是那位大诗人郭沫若。

看到这里,有的人会问,为什么郭沫若一个诗人,要给中国科学技术大学题校训呢?

那是因为，郭沫若先生，是中科大自1958年建校起一直到1978年，任期二十年的第一任校长。

关于郭沫若老校长一直有很多传奇故事，我对老先生了解不多。但是有一项是我可以确定的，就是中科大的校歌是郭老校长作词，内容如下：

迎接着永恒的东风/把红旗高举起来

插上科学的高峰/科学的高峰在不断创造

高峰要高到无穷/红旗要红过九重

我们是中国的好儿女/要刻苦锻炼/辛勤劳动

在党的温暖抚育/坚强领导下/为共产主义事业做先锋

又红又专/理实交融/团结互助/活泼英勇

永远向人民学习/学习伟大领袖毛泽东

由于直属于中国科学院，中科大是中国排名靠前的这些大学里唯一一个只有理工专业的大学，而这直接导致了一个恐怖的现象——男女比例严重失衡。

我至今清晰地记得，在新生军训最后的会演中，全校的男生组成七个方阵，女生却连一个方阵都组不齐，只勉强凑了个长方形。

中科大有一个流传已久的段子："小时候，爸爸语重心长地对我说：'中国的男女比例是107∶101，如果不好好读书，你就是那个6！'于是我努力学习，考上了中科大，发现中科大的男女比例是7：1，我还是那个6！"

一所近九成学生都是理工男的学校，氛围自然很难清新起来，各种文艺活动也都不好开展。既然如此，那男生们只好专心读书科研，久而久之，竟养成了一股极为优良的学风。

中科大的实力很强，在今天任何权威的大学排名中绝不会跌出中国前十，2018年的全球最佳大学排行榜甚至把中科大排到了中国第三，仅仅落后于清华和北大。而且，如果回头追溯那刚建校不久时最鼎盛的时期，会集严济慈、华罗庚、钱学森等一系列大咖的中科大，就算是清华北大也不能与之匹敌。

然而相比于实力，中科大的名气却很小。每次坐火车或者办手续，与圈外的陌生人聊起"中科大"这三个字的时候，大家经常会说："哦哦哦，我知道，好大学啊，在北京吧？"我也只能尴尬地笑笑说："最开始确实是在北京，后来70年代的时候搬到安徽合肥了。"然后对方也只能回以我同样尴尬的笑容，心里想着"这是哪个大学，名字倒是挺大的"。

中科大名气小，是因为其优秀的学风。中科大本着自己"办大学又不是打群架"的传统，坚持不扩招，每年的招生人数都保持在1800人上下。而且，这里毕业的人基本都走上了科研的道路，所以对于圈外人来说，也就没有什么太过知名的校友。不过，最近倒是听说有个潘建伟副校长的量子通信研究火了一把,就连我隔壁的小学生邻居都没事儿念叨着量子纠缠,楼上住的60多岁的大妈也经常在微信群转发跟量子××有关的谣言,看来还是挺火的。

如果把中科大拟人化的话,那一定是一个戴着眼镜、胡子拉碴,跨栏背心大裤衩、脚踩拖鞋,背着一个破旧的书包,边走路边看书的邋遢教授形象。没办法,鱼与熊掌不可兼得,也有不少人觉得,这样的形象,正是中科大淳朴学风的象征。

学习小贴士

Q 如何选择适合的大学?综合实力和专业实力哪个更重要?

A 千万不要忘记,一所大学的学风和几年的磨炼是可以完完全全地影响一个年轻人的心性的,所以千万不要只看眼前。综合实力和专业实力当然都很重要,但在不同的领域,对这两者的看重程度也不相同。这种时候,不妨用一下目标导向的方法,去看看各类单位的招聘,看看你理想中的那个工作岗位在招聘时的硬性要求是什么。

中科大少年班复试

少年班的复试内容无须赘言，因为过程和育才少儿班的入学考试流程出奇地相似，甚至要比当年的还要简单些。

大概是这边觉得高考已经考核过我们的基础知识了，也懒得再考同类的内容，索性拿出了几张测智商的卷子。除此之外，也有那种即学即考的形式，讲的是狭义相对论一类的课题。另外，除了常规的笔试，最后竟然还有两场面试。

第一场面试考的是一个关于三角函数的小问题。在考官用合肥普通话重复了五遍题目后，我终于勉强听懂了他说的每一个字，但还是没能搞清楚他想表达的到底是什么意思。考官无奈，在讲出答案后，挥挥手让我离场。

第二场面试的考场是一个"心理咨询室"，我本以为设置这样一轮面试是为了看看学生有没有什么隐藏的心理问题，但是考官竟然只是问我"你觉得90后和其他群体有什么本质区别",我简单回答了我个人的观点,她便放我走了。

现在想来,这两场面试的随意,恰恰说明了中科大少年班对两个问题的忽视,一个是中文,一个是心理。

心理自然是人才培养,尤其是少年班人才培养过程中的重中之重。而且往往越是优秀的孩子,他们承受的心理压力越大,活在别人的期待中,他们更害怕自己不优秀,长此以往,一些心理承受能力弱的就容易走极端。不过,即使重视不足,人们也清楚地知道大学生们的心理问题切实存在。

另外一个客观存在的问题就是中科大学生在语言方面的欠缺。这里的语言指的并不是通常意义上让大学生们头痛的英语,反而是大家的母语——中文。

在大学宿舍的楼下,一般都会有一块黑板供宿管阿姨发布通知,也经常有人去那里书写寻物或失物启事。然而,这些高才生书写出的不到一百字的小学生级别的"文章",错别字竟经常多到让人不忍直视,更别提什么行文通顺、言简意赅了。

在这里,很多人能够洋洋洒洒地写几千字的英文论文,甭管是托福、雅思还是SAT(美国学术能力评估测试)、GRE(美国研究生入学考试)通通能轻松拿下,但是一用起中文,反而就抓耳挠腮、捉襟见肘。原因有三,一是因为中科大学子中有很多都是"搞竞赛"出身，他们是因为自己最擅长的科目（数学、物理、化学或者是计算机）拿到了保送的资格，并没有经历过常规的高考训练，所以偏科也是正常；二是因为中科大没有文科专业，浓浓的理工气氛使得大家感受不到太多的"文化熏陶"；三是因为中科大的学风太过良好，平均成绩太高，很多人都早早地确定了自己的未来——继续考研深造或者出国留学镀金。

复试就在轻松愉快的气氛中度过，复试的结果是，所有来参加考试的41人全部通过。

全国范围内每年才出一拨的"神童"，就这样被确定了下来。

两张录取通知书

又过了大半个月，录取通知书陆续被寄送到考生家里。就在这个几家欢喜几家愁的时间点，我们全家对着桌子上的两张录取通知书面面相觑。

竟然真的要从两张大学录取通知书里选一张，这是任谁也没主意的事情。而一般情况下，处理这类事情，家里都会充分尊重我的意见。

当时的我，无论是对中科大还是对少年班，都没有什么向往之心，甚至有些许不满。但是，如果不选中科大，那就意味着要去大连理工大学，那意味着我要在大连上学，意味着出不了辽宁省，意味着我不能真正地远离老家。

对于一个14岁的少年来说，根本意识不到什么学校排名、就业优势、学习氛围、男女比例……我唯一在意的，就是这两所学校所处的地理位置：一边是辽宁省内，一边是要坐三十几个小时火车的安徽合肥，这还用选吗？

五分钟后，满心想逃离的我，正式撕掉了大连理工大学的录取通知书。

第六章

触底反弹的四年

对绝大多数人来说，选大学和选专业是同一时间进行的，为了让自己的选择更加明智，往往要经过几个月的深思熟虑，召开数次家庭会议，有人甚至花重金请高人指点迷津。

这两个选择中，选专业要比选大学还要难，因为很多专业是高中生和他们的家长完全不了解的，其中纷繁复杂的"道道"更是数不胜数。比如化学和化工是完全不同的两个专业，土木和建筑学的东西也是有着云泥之别的，更别提拗口的金融工程、金融学、金融数学……再综合考虑到就业、留学甚至是男女比例的问题，真是任谁也不敢说自己在专业选择时做出了最正确的决定。

自由的大学伊始

中学的时候,其实没有几个人能够真正做到拥有自己的梦想。大家只是处于那样一个迷茫的群体中,彼此簇拥着,努力挤到一个更靠前的位置。反正是一起朝着满分努力,每一步的前进或后退都是暂时的,只等最后高考哨声吹响的瞬间,命运拍下我们那一霎的样子,然后按部就班,指引我们走上新的跑道,加入另一拨人群,继续没有终点的前行。

对于我这样一个到了中学以后就大部分时间处于中游的人来说,前后左右都有人的状态似乎让我充满了安全感,不用寻找方向,只需要跟着大家走就好了。作为教练的老师们站在人群的前方,呐喊着口号鼓励大家,他们把更多的目光集中在那些挤到了最前面的人,偶尔也会关心一下掉队的队员,却很少注意到处在人群中央的我。

但到了中科大以后，一切又都不一样了。

每一个经历过高考的人，一定都抱有过对美好大学生活的向往，我也一样。

人生中的一大矛盾就是，在大学四年这个最应该努力进取、实现自我蜕变的阶段，身处其中的我们却因为宽松的环境缺少了束缚而被放飞了，继而滋生出想要偷懒、倦怠的情绪。

"大学"对于那个年龄段的我来说，几乎等同于"自由"二字。而我所憧憬的大学生活，就是绝对自由、无法无天的生活。

2008年9月，北京奥运会还在如火如荼地进行，我自由的生活开始了。

开学军训仅仅是在校内操场上训练三周，除了偶尔大晴天时摄人心魄的炎热，这次军训的强度甚至远远不及我10岁时刚上中学的那次。

不过，这三周倒不是毫无意义，我几乎和每个人都混了个脸熟，也使得我在军训后的班干部选举上竟然混了个班长的头衔。

这种选举说起来其实是有几分儿戏，因为基本上每个投票的人都是抱着了解不多凭感觉投票的心理，投票的原因也无非是"这个人前几天和我吃过饭""这个人之前一起玩过"一类。这直接导致，最后投票选出的这批班干部可以和"班里爱玩、最活跃的人"画等号。顺理成章地，我们这群积极活跃的班干部开始不断开展各类班级活动——各种联谊比赛、文娱游戏等。不过，我们这群人只是极少数，绝大多数的中科大学子，还做着和当年一模一样的事情。早上7点钟起床上课，晚上11点按时睡觉，把时间都花在学习上，他们似乎活出了惯性，忘记了自己身份的改变。

对绝大多数中科大学子这样的优良学风甚是自豪，他们代表了朴实、专注，代表了中科大精神。可我相比于中科大的传统而言，是有些离经叛道的。我原以为我期待中的大学，是一条四通八达的"道路网"，每个人可以找到属于自己的方向，在路上认识新的伙伴，倾听彼此的故事。因为拥有共同的兴趣爱好，所以会一直互相扶持着走下去。

然而现实是，我们因为目标不明确，因为对于未来追求的迷茫，我们这个因为"在一起玩"而聚集到一起的小团体，也终究有一天会悄无声息地散开。

一年之后，导员惊讶地发现我们这群班干部们的成绩一个赛一个地差，赶紧大刀阔斧地全体撤换，由此也终结了我短短一年的班长生涯。

大学，专业抉择

与此同时，还有一件大事。

少年班的教育模式，是入学后先进行一年的各专业基础课学习，在大二的时候根据自身意愿自由选择专业。所以在这一年结束的时候，我也就迎来了人生的又一次选择。

对绝大多数人来说，选大学和选专业是同一时间进行的，为了让自己的选择更加明智，往往要经过几个月的深思熟虑，召开数次家庭会议，有人甚至花重金请高人指点迷津。

这两个选择中，选专业要比选大学还要难，因为很多专业是高中生和他们的家长完全不了解的，其中纷繁复杂的"道道"更是数不胜数。比如化学和化工是完全不同的两个专业，土木和建筑学的东西也是有着云泥之别的，更别提拗口的金融工程、金融学、金融数学……再综合考虑到就业、留学甚至是男女比例的问题，真是任谁也不敢说自己在专业选择时做出了最正确的决定。

相比之下，少年班的这种模式，是先让学生粗略体验一年各个专业，然后基于个人体会选择自己最喜欢或者擅长的专业，看起来是一个十分完美的方案。

美中不足的是，中科大作为中国一流名校中唯一一所只有理工科专业的学校，可供选择的方向十分狭窄，在这次的专业选择中，就只有数学、物理、化学、生物、电子学、计算机这六个方向平台。至于更具体的系别，要到大三再进一步细分。

我听别人说，"中科大"这条跑道豪华舒适，而且竞争激烈，机会千载难逢，所以误打误撞地走了进来。可谁知道，原来这里虽然畅通，却仍是狭窄。

不过，后路其实还是有的。

A是我的中学同学。在当年的东北育才，他是令人憧憬的存在。他的每篇文章，都仿佛出自那些历经沧桑的文坛巨匠，大开大合，尖锐而深邃。按理说，这些令人折服的文章，毫无疑问应该是满分，可他偏偏不愿工整地写字，总是笔走龙蛇，有如醉酒一般。阅卷老师只能无奈叹息，惋惜地扣上几分，但我们都认为，那手狂草是世外高手所无法舍弃的倔强。他的才气，又怎能被困在那作文纸上规整却狭隘的几百个小格子里？

A的志愿是北京大学，也当然是北京大学。放眼中国，也只有燕园配得上他的绝代风华。我们都相信，他能在未名湖畔，写下流传千古的名作，走上属于他的道路。

然而造化弄人，他不但与北大以一分之差失之交臂，而且来到了中科大，这所全中国最没有文学氛围的大学。

于是一年之后，他退学了。

他和我一样，都是阴差阳错，走上了这条本不属于自己的"跑道"。他选择了原路返回，牺牲两年的时间重启自己的人生，但是我却没有那种勇气。何况，即使退却，我依然不知道自己的未来在何处。

懵懵懂懂度过了整整大一的我，在专业选择这六个方向上，可以说是样样稀松、个个不精，专业上没有明显的优势，我只能凭借个人兴趣及了解进行判断选择。

物理是中科大最好的专业方向，但是早就听说要学什么量子力学之类的东西，久仰其平均挂科率高达50%的大名，我还是趁早别蹚这浑水；数学是很让人头痛的，尤其是线性代数（也就是行列式一类的东西），当年育才少儿班面试的时候我就学过，可五年之后我的水平一点儿都没有长进，想必以后也难有大成就；化学和生物总要做各种实验，总会有几分无聊和枯燥；至于计算机嘛，外面天天传说IT（信息技术）行业已经饱和了，我也就别硬往里挤了……至于电子学这个专业，很多人可能不太了解，我给大家举个例子：就手机而言，学计算机专业的人，他们负责的工作是编写手机中的APP（应用软件），而学电子学的人，则是一部分负责制造手机，另一部分负责解决网络、信号之类的问题。

虽然我一向主张人生的轨迹应当随机应变，但是随机应变不意味着草率。不过，另一个客观存在的悖论是，我们往往只有在做出决定之后，才知道这个决定是否正确，况且还有很多做出决定的瞬间，连我们自己都意识不到它有多么重要。比如当年的我就满心认为，与其花时间在纠结这些选择上，还不如抓紧时间多了解学习一些东西。

总之，经过长达三分钟的深思熟虑后，我终于用排除法决定了我未来准备从事甚至可能从事一生的专业方向——电子学。

专业的划分是一个天大的事情，然而在短时间内，它丝毫没有影响到我"自由"的生活。新的专业、新的老师、新的同学对于那个时候无比"堕落"几乎不上课的我来说完全构不成任何影响。我大二这一年的故事，用三个字母就可以概括——ACG（Anime动画、Comic漫画和Game游戏）。

在当时，因为学校并不打算根据专业调整寝室，而是维持了原来的室友，理由是方便各专业间的综合交流、扩大学术视野。结果，我们寝室的四个人分别选了数学、物理、计算机和电子四个不同的专业，在学习方面因为完全没有共同语言，每天的话题完全停留在了游戏上。

如果说大一的时候我还是在导员、朋友和室友的影响下，有分寸地翘课的话，大二的我就完全是自暴自弃式地放纵生活：昼夜完全颠倒，看着日出入睡，下午两三点钟才爬起来；吃饭完全凭心情，反正也只有脑子和手指在活动，饿到不行的时候食堂早已关门，无妨，总有地方能买到夜宵。

大家都去上课的无聊时间，我可以用睡觉来轻松度过，而室友们回来的推门声，就是我一天开始的起床号。我本是一个还算有趣的人，性格也不算孤僻，很喜欢与人交流。在那段堕落、沉迷于游戏放纵的日子，我竟然开始一步一步走向了自闭，失去了基本的社交能力……如果没有后来的转折要点，我估计会最终成为一个毕不了业的"废人"。

后来我分析自己"堕落"的原因，因为在大学里没有一个明确的目标，因为自己当时年纪小且自制力弱，也是因为周围宽松环境的影响，希望看到这本书的学生朋友以我为戒。

毕业大关，真正的赛点

在大三开学的时候，我突然意识到，真正的赛点提前到来了。

在中科大的规矩里，有一条叫作"毕业资格预审"。大概内容是：如果大三结束时不能修到135学分，我就将丧失正常毕业的资格，要么延期，要么肄业。

按理说，这个要求非常容易完成，因为按照学校正常的课程安排，在大三结束时就应该基本完成所有科目的学习了。虽然毕业要求是160学分，但以中科大的学习风气，最后毕业时手握200学分的也大有人在。对于绝大多数的学生来说，学分这种事情根本不是问题，他们担心的是自己的平均成绩到底是95分还是93分，托福、雅思和GRE都考了多少分，到时候能拿到几所世界名校的offer（录取通知书）。

开学班会上，周围的人都在寒暄。只有我，看着135这个数字，冷汗涔涔。

由于我自己的放纵，大三开学的这一刻，我的成绩单上充斥着52分、43分这样触目惊心的分数，及格的科目加起来，就只有可怜的73学分。而这就意味着，如果我想顺利毕业，就要在一年里拿到至少62个学分，也就是要比同专业的同学们多学近一倍的课程。

中科大的学术氛围之浓，在国内也是数一数二的；而中科大的考试难度之大，同样在学术界赫赫有名。好在学校自己对这种情况也是十分了解，所以在中科大，重修政策是相对灵活的，没有数量的限制，也不会要求学生交什么重修费。

即使如此，一年修62个学分，也是一个看起来不可能完成的任务，更何况要完成这项任务的人是一个虚度了两年光阴的差生。

导员在会后找到情况与我类似的差生，一个一个地面谈。到我的时候，她问我要不要考虑延期毕业，被我当场否决。她不置可否，微微沉吟后说道："你这种情况，我必须要通知你的家长，让他们知道你的情况。"

这对我来说才是真正的晴天霹雳。"报喜不报忧"是我一贯的处事原则，家里人完全不知道我的情况，我也绝不能让他们知道我的情况。

我突然意识到，导员提出这种要求，是因为在她眼中，我还是个需要监护人严加管教的孩子。更可笑的是，她的想法并没有错。

连续两年无所事事，止步不前，这样的行为，甚至还不如小孩子。

在那一瞬间，我突然想通了很多事情。

应该只过了几秒钟，也似乎是很久。总之最后，我开口说道："老师，我自己知道这一年该怎么做了。那个毕业资格预审，请老师再给我一点儿时间，看我接下来的表现。"

学习小贴士

Q 怎样才算一段有意义的大学时光？

A 不管大学怎样度过，都绝不是没有意义的，这是你人生中最重要、变化最大的几年。有些人在学校里苦读四年，最后选择了完全不相干的工作方向；有些人谈了一场刻骨铭心的恋爱，可是在毕业的同时就惨痛分手；也有些人在学校里吃喝玩乐，毕业以后茫然不知何去何从。但是绝不要忘记，在这几年中每一天的24小时里，你都是切切实实地活着，你的见识在增加，你的思想在改变，这就够了，这就是成长。

对"迷茫"的反思

如果非要为我大学前两年的放纵找一个借口的话,我觉得是"迷茫"。

脚下的路并不是想要的方向,可是自己也不知道何处是我的方向,最后导致的,就是我整整两年的原地踏步。

可是,这次的"毕业资格预审"警告我,如果再不抓紧时间往外冲,前面的出口就要关闭了。在我陷入慌乱的同时,也终于恍然大悟:原来这条路是有尽头的,我必须先跑出去,才有机会选择别的方向。

发展到这个程度,我未来的人生轨迹本来基本可以向新闻里常见的那些游戏成瘾、作恶退学的孩子看齐了。事实上,那些当年和我为一丘之貉的伙伴,也确实大部分退学或留级了,而我,也仅仅在"悬崖"的边缘。

七八年后的今日，当我以老气横秋的"过来人"视角回望那段岁月，总会带着几分庆幸。如今的我，在微笑着回忆过去的自己时，也总会生出一丝感叹——当年的我，是怎么从那个自甘堕落的泥沼中抽身的呢？

大一的时候，我有一位同学因为每天泡在网吧里，与学校协商退学了。在他走之前，我作为班长曾经找他聊过天，他有一句话令人印象颇深：

"道理我都明白，可是玩得多了，想法就变了。"

游戏为了吸引玩家，会不断给玩家设立里程碑与奖励，让玩家一次又一次从中获得成就感。但是人生则不然。

大家都知道"不忘初心，方得始终"的道理，但世间景色太过绚丽，我们又都是从未经世事的年龄成长起来的，太容易迷失在路途中，谁也不敢保证自己走的永远都是那条最短的、笔直的道路。很多时候，遥远的目标如镜花水月，伸出双手也无法触及。所以在诱惑面前，很多人选择了后退：

"反正已经考得这么差了，以后考高分也没有用，索性都混个及格吧……"

"哎呀，挂科了，保研啥的没有希望，赶紧混毕业算了……"

"毕不了业又能怎样？那么多大学肄业去创业的人呢，不也都成功了？"

如此一步一步，只有当退到悬崖边上的时候，才会真正意识到危机的存在。有些人会选择纵身一跃，想着也许谷底还有可退之处，还可再拖几年。

但是我已不愿再退。我心里清楚，有些事是无论如何都要去完成的。拖延也好、往复也罢，总有那么一条线，我一定要在哨声响起之前跨过去，触底反弹，不惜任何代价。

一切突然都变得明朗起来。一年之内62个学分，看似很有难度，但那就是我无论如何也要越过的线。在迷雾中浑浑噩噩地晃了两年，今时今日，我终于重新找回了目标。

已在死地,如何后生

在《孙子兵法·九地篇》中,表达中心思想的一句话是这样的:"投之亡地然后存,陷之死地然后生。"这句话本身没什么名气,但是每一个人都听过由它演变而来的另一句名言——"置之死地而后生"。

历史上,运用这个道理而成功扭转败局的战役不计其数。韩信、张耳背水一战,以数万兵力破敌国二十万大军;项羽破釜沉舟,引得后世蒲松龄以"百二秦关终属楚"的事迹自勉。

项羽和韩信这二位,皆是在死地之境奋起反击,被后人传颂。

面临毕业大关的我,处在的是一个"必须在一年内修完62个学分,否则就不能毕业"的境地。如果用象棋来比喻的话,我现在就是被"将军"的状态,如果不能解开这个残局,等待着我的唯一的下场只有满盘皆输。

无论是项羽韩信还是赵括马谡，抑或孙子本人，都是以指挥者的身份做出这样或那样的选择。但是这次的我不一样，我仿佛一支走夜路的军队，当天终于亮起来时，我却发现，自己已处于死地之上了。

事已至此，多说无益。既然已经身在死地、四面楚歌，我又该如何扭转乾坤？

第一步，判断。

我到底能不能完成我所期望的这件事情？

这是一个很奇怪的问题。你可能会想：这作者怎么回事？不都反反复复说了自己已经在死地之上了吗？怎么还考虑这个问题？既然没有后路，那就赶紧去拼啊！

其实不然，判断其实很重要。

还是用战争来举例：想象一支部队，被敌军层层包围之时，其实他们是有两种选择的。选择之一，当然是拼死一搏，怀着对亲朋的思念与对敌人的恨意绽放生命最后的光芒。除此之外，也会有很多士兵，在他们确定自己不能突围之时，会选择挥剑自戕，求一个痛快了断。

我现在面对的这场战役，形势更加恶劣。困兽犹斗的士兵们，还能得到自己"杀一个够本，杀两个赚一个"的心理安慰，可是我哪怕到时候只差一个学分，也都是徒劳。与其如此，还不如趁早选择退学或者延期毕业，虽然丢脸，但总归不会白白浪费这一年。

然而，虽然前面强调了很多，但是其实对我自身来说，这个问题并不难回答。

回顾我所经历的种种，每一次成功和失败，其实都源于我盲目自信甚至自大的心理。这种自信，恰恰让我在这种情境下仍旧不失希望。

显然，这次我的答案仍然是：能。

第二步，计划。

起点和终点既已确定，接下来要考虑的就是"怎么做"。

计划不需要细致入微，但必须面面俱到。第一时间确定未来一年甚至两年内每一天的行动计划是困难而且毫无意义的，但是很多事情必须早早想好。

有些课程只有每年的上半学期开课，那当然就必须在上半学期完成，相对应地，下半学期亦是如此；有些课程是实验课，而实验课是不可能缺席的，这也就意味着其他课程都必须要为它让步；有些课程（尤其是每个专业的主课），上课时间是完全一样的，这样的"撞课"情况又该如何处理？

更重要的是，我面临的难题不仅仅是大三这一年，大四该怎么办？以后该怎么办？

这些烦恼，学校不会替我考虑，因为中科大本来就不是会包容差生的地方。好在，虽然这些事情桩桩件件、错综复杂，但我还是最终分解清楚了目标：

大三结束时达到毕业资格预审的条件，大四上拿到毕业应有学分的同时完成考研，大四下正常完成毕业论文，顺利毕业。

按这个目标我静下心来，细心琢磨这个残局，终归还是找到了一个解法。

第三步，执行。

差生们有时会有一种盲目的自信，我也是。曾记得有一门科目考试出分，寝室里的其他三个人都考了90多分，只有我对着一个连及格线都没到的成绩长吁短叹，感慨凭什么就只有我考了这点儿分数。终于，室友看不过去，回过头来对我说："你自己想想，我们每天都学多长时间，你学多长时间？"

每个人都有自己的天赋，也有一套适合自己的学习方法。但是不管怎样，如果你不投入足够的时间，就别妄想能够拿到让自己满意的成绩。

这种浅显易懂的道理竟然还要别人来告诉我，我面红耳赤、无比汗颜。

所以,接下来最朴实,也是最重要的工作就是执行了。我之所以用了"执行"这个词,是因为我觉得比起"努力""奋斗"这样的美好词汇,这个词更能恰当地描述我那个阶段的状态。

执行是简单的,按照已经决定好的目标和计划去做,尽量避免额外的思考。不要给自己留任何余地,否则后悔和沮丧就会蔓延上来,除了降低效率没有任何意义。

我的大三是既痛又快的。

再没有什么投机取巧了,为了得到跟大家一样的成绩,就要付出跟大家一样的努力。换句话说,就是要在日复一日的刻苦学习中把之前欠下的债全部还清。

我几乎不记得自己在那一年里做过什么,只记得我的成绩单上的学分一点点地往上升。我发现做一个好学生原来也没什么难的,那种感觉就像被催眠,摒弃了多余的思考之后,每日沉沦在学习里不能自拔,也根本感觉不到什么所谓的疲累与挣扎。

把我从催眠中刺醒的敌人,是孤独。

大四伊始,班里要求填一个毕业意愿的表格。供选择的选项有五个，分别是：出国留学、校内保研、国内校外保研、工作创业和其他。我一度以为没有"考研"这一栏是制表人的疏漏，后来我才意识到，在老师的眼中，中科大的学生考研，就只配被归到"其他"这一栏里。与其叫"其他"，还不如叫"奇葩"更恰当。

原来，中科大是一个"不存在"考研的大学。

我永远记得我人生中最孤独的一天。

2012年1月6日，那是考研的前一天，也是全校所有专业期末考试结束的当天。所有人都在狂欢，因为对他们来说，通过了中科大噩梦般的考试，人生仿佛从此再无难关。

自习室里只剩下我一个人。书倒是很多，每张桌子上都有堆成小山一样的七八本，但是似乎他们的主人并不打算把他们拿回去。我关上所有的门窗，但是外面狂欢的声音还是时不时地传到耳中。

我妥协地戴上耳机，专心翻着面前的书。我一如既往地催眠自己，让自己冷静下来，分解每一个科目的难度，制订相应的计划。

英语是最无法突击的，索性放弃；政治则正好相反，必须要将所有的押题卷过一遍，死记硬背即可；专业课我选择的就是我刚刚在期末考试中考完的课程，所以还算简单；最难的还是数学，这个我上大学以后最大的弱项，无法突击、没有窍门，只能用最高的效率去看、去理解。

然而，在这个考前最后的当口，我的心理防线还是被击溃。如有神助的效率不见了,取而代之的是脑海里的一片空白,我开始怀疑自己考研的意义。我拨通了母亲的电话,试图从她那里寻求一丝安慰,但是一如既往地,听到的只有责备。

在挂断电话的那一刻,我学会了不再依靠任何人。他人能给你很多帮助,但是没有人能真正给你心灵上的救赎。归根结底,一切的一切,还是要靠自己来争。

同样简单的道理:如果不争,就一定赢不了。

两天后,考研结束。走出考场的一瞬间,我长出了一口气。这块死地,我总算是冲出来了。

学习小贴士

Q "考研"还是"就业"?

A 无论读研读博还是出国深造,我们的目的都应该是为了在这个充满竞争的时代充分发挥自身的优势。所以无论是选择考研还是就业,我们首先都要从自身情况出发,理性选择,不要盲目地去跟风。比如考研之前一定要问问自己,我为什么考研?是找不着工作而考研,还是想拿个高点儿的学历而考研,或者是其他原因。

截止日期之前,去"做",而不是"赶"

我们这些两千年后的人在回顾那些历史时,总是习惯于按照结果往回推论,说白了,就是"成王败寇"的判法。但是,如果真的能够穿越看到那些名将和败将真实的内心想法,可能会完全出乎我们的想象。

也许韩信项羽根本不能预知到自己的胜利,他们只是在获得胜利之后,再回过头去,扬扬得意地对身后的将士们说:"看,我们赢了,我没有做错。"

兵家以战之胜败论对错,我们却不能。

我的考研事迹在同学间广泛流传,大家在觉得这是一个不可思议的事情的同时,也都习惯性地从中推测出一个结论——这个家伙果然很聪明。

我也愿意接受这样的判断，甚至有时还会故意引导别人做出这样的判断，因为让别人认为你是个聪明人终究不是什么坏事情。但是实际上讲，我觉得更重要的还是咬紧牙关、脚踏实地地去学习。

不同人有不同人的做事习惯，从吃一碗兰州拉面的过程中就能体现出来。兰州拉面的特点是快捷便宜，所以一碗里的牛肉也是又少又薄，可谓其中精髓。我的死党L每次都会把所有牛肉留到最后，一口吃光，而我则喜欢按照比例计算着吃掉，另外，也见过很多人在面端上来的那一瞬间就把所有的浇头吃干抹净。从结果上而言，这三种方式并没有什么区别，只是当事人自己的感觉不同。

英文中有deadline的说法，意思是最后的截止期限，也经常因直译被戏称为"死线"。在逼近deadline时，发挥出150%甚至200%的潜力，也是"置之死地而后生"这句话的常用理解。

我是那种所谓的"重度拖延症"患者，每次都喜欢把任务拖到极限，然后超高效率地拼命完成，然后回过头来看，获得深深的满足感。从吃面中应该就能看出，L是个与我完全不同的人，比如他做作业的时候，就从来都是从任务下发的那一瞬间开始执行，然后第一时间完成。

领导和老师更喜欢的当然是L这种人，但是在我看来，我们同样都完成了任务啊，为什么会有高下之分？

后来，我也会遇到一些需要其他同事准备一些资料给我的情况，立场不同之后，很快就明白了个中原因。当我把同样的任务交给两个人，并要求他们一周之内上交时，如果甲在第三天时提交给我，我就会认为他准备了整整三天，而如果乙在第七天才提交，我就会有一种"他肯定是没怎么好好做，快到时间了才赶出来"的感觉。

领导的感觉是另外一回事，但是实际的过程究竟是"做"还是"赶"，只有我们自己清楚。尽管不讨领导喜欢，我现在还是很喜欢"拖延"，不过是"有计划地拖延"，类似于朝三暮四与朝四暮三的关系。

"赶"则不同，"赶"意味着结果的改变，意味着"朝四暮二"甚至是"朝四暮一"，如果并没有百分之百的把握，那么"赶"就意味着"赌"，即使最后得到了胜利，也只是一次幸运的结果而已。所以，务必时时刻刻做好对自己能力的评估，一旦发现自己从"做"变成了"赶"，赶紧调整节奏，逼自己快一点儿，再快一点儿。

第七章

走进中科院

中科院只是总部设在北京,南至广州,西至新疆,北至长春,一共设立了十二个分院,下属的一百多个研究单位则是星罗棋布地分布在中国各地。中科院的这一百多个院所每个研究所都有自己的专业方向,也就是单位名字的后缀部分。比如长光所是由两个研究所合并而来,专业方向分别是"光学精密机械"和"物理"。中科院下属的研究所方向林林总总大不相同,另外包括几个天文台和植物园,但是长光所的名字长度仍是院内第一,与"中国科学院苏州纳米技术与纳米仿生研究所"并列。名字虽长,却一个字也不能轻易改动。一字一句都有其不可替代的存在价值,这其实就是科研精神。

考研结束,新的开始

前不久买车,我选中了一款动力十足、外表酷炫的轿车,但是家里的长辈和身边年长的同事通通劝我要长远考虑,一定要买一台空间大的,"即使你现在用不上,将来总有用得上的一天"。

他们说得不无道理,不过几经思虑,我还是坚持了自己的选择。原因无他,只因我有自信,如果三五年后真的面临空间不足的问题,我大可以凭本事再买一辆。

车这个东西,只要有钱,就可以根据自己的需求随时调整,可以随自己的心意挑选。但是有的东西就不行,比如考研的方向。

前文提过,中科大是一个"不存在"考研的大学,所以很少有学校会到这里进行招生宣讲。正因如此,当"长春光机所招生宣讲会"这行字出现在告示板上的时候，就显得格外醒目。

"长春光机所"这五个字显然有些不知所谓，不过我还是去参加了他们的招生宣讲会。宣讲的老师口才极好，感染力也很强，在他口中，这宛然是一个遗世独立的超强研究所，无论是资金条件、师资力量还是未来前景都是绝对一流。

2012年夏天，我顺利拿到了毕业证书和学位证书，也拿到了长春光机所的录取通知书，总算是彻底实现了"置之死地而后生"，从大学的阴影里爬了出来。

毕业的酒会上，大家轮流向导员敬酒，导员也会回以笑容，并致以"一路顺利"之类的祝福。一杯一杯敬过去，到我的时候，导员一边微醺着一边说出了"王旌尧，我还真没想到你能有这么好的出路"的句子。

当时得到老师的认可我很高兴，便同时激动地回答道："老师放心，我会继续努力，以后要努力做到比这更出息，不辜负老师教导的表扬！"

敬酒后，我回到座位上暗自发誓，以后定要做出一番让大家日后都刮目相看的事业。如果是电视剧的话，此时一定是镜头一转，切到我站在长春光机所大门前的画面，然后配上一段我自己口述的豪言壮语作为背景音。

现实中不会随时播放符合情景的BGM（背景音乐），不像电视剧那么让人热血沸腾，但是尽管外人毫不知晓，我心里的火焰的确正在熊熊燃烧。

18岁，大学毕业，新的节点。

长春光机所：真正的科研

长春光机所，全名是"中国科学院长春光学精密机械与物理研究所"，一共十九个字，复杂绕口，以致于现在每次需要填写单位名称的场合我都会要求自己来写，否则对方要么是不停写错，要么是越写越乱，有时还两者兼而有之。

不过好在，长春光机所的前面，还有个中科院的名头。一听到中科院这三个字，一般人就会肃然起敬，就算听不懂后面的一大串字，基本也能猜个大概了。

中科院与中科大名字只差一个字，实际上也是直属上下级关系。但比起中科大在大学界的微妙名气，中科院在科研界就可谓是泰山北斗了。说到原因，其实也很简单，一个字——"大"。

很多人提起带"中国"字样的单位，都会下意识地认为一定是在首都北京。其实不然，中科院只是总部设在北京，南至广州，西至新疆，北至长春，一共设立了十二个分院，下属的一百多个研究单位则是星罗棋布地分布在中国各地。中科院的这一百多个院所每个研究所都有自己的专业方向，也就是单位名字的后缀部分。比如长光所是由两个研究所合并而来，专业方向分别是"光学精密机械"和"物理"。中科院下属的研究所方向林林总总大不相同，另外还包括了几个天文台和植物园，但是长光所的名字长度仍是院内第一，与"中国科学院苏州纳米技术与纳米仿生研究所"并列。名字虽长，但是却一个字也不能轻易改动。一字一句都有其不可替代的存在价值，这其实就是科研精神。

长春光机所是当之无愧的中科院第一大所，光是正式在职的员工就有两千余人，每年的科研经费总数也是全院最多的。

很多人不明白"光学精密机械"这六个字是什么意思，我给大家简单地介绍一下。光学，顾名思义，就是我们中学学过的光，就是能折射、反射、衍射的那个光。精密机械，其实也是字面意思，就是精度要求十分之高的元件。连起来说，最典型的光学精密机械就是相机。

这里说的相机，本质上与我们平时用的单反相机或者手机上自带的相机是一样的，但是在功能和性能上都有巨大的突破。从用途上来说，搭载在卫星上的相机就叫航天相机（空间相机），搭载在飞机上的相机就叫航空相机，搭载在车上或者船上的相机各有各的专业名称，但总的来说，"相机"这个看似基础的机械，就是一切科学设备的眼睛。

中国的光机所有四家，但是长春光机所是其中历史最悠久的，也是其他三家的"长辈"，所以长光所又被誉为"中国光学的摇篮"。同样是制造"眼睛"，只要是我们长光所出品的，就能够做到看得更远、更广、更清楚、更全面。

研究生时代与本科时代相比最大的变化，在于从"理论"增加了"实操"部分。每个研究生在实验室里，都担当着自己的实验操作任务。作为长光所的研究生，我们虽然工资不高、工作很累，但好处是，由于每天做着与正式职工别无二致的工作，我们这些学生的能力提升得非常快。

长光所下设二十多个科研部室，每一个单独拿出来都能够独当一面。而我读研所在这个部门叫作空间二部，是专门研制空间相机的部门之一。

研制一台空间相机，需要光学、机械、电子、热学、软件这五大方向的专业团队协力合作，缺一不可。由于本科专业是电子信息工程，我顺理成章地进入了负责电子学的小组。

从性质上，科研可以分为两大类：一类叫作基础科研，即理论创新型的科研，相对论也好，引力波也好，都属于基础科研；另一类叫作工程科研,即以做出实物为目的的科研,例如神舟、嫦娥这些大家耳熟能详的航天项目,研制它们,就属于工程科研的范畴。

基础科研是通过不断地实验千辛万苦试出来的,所以必须要有大量高深炫酷的实验设备,影视作品里那些深入人心的实验室形象的原型,大都属于基础科研方向。而像我们搞工程的就不一样,比起"科学家"这三个字,"工程师"这个头衔更适合我们。比如我们研制出来的空间相机,每台的价值都是天文数字,而且都是无可替代的,绝不可能容我们抱着"姑且先发射一个试一试"的态度,所以比起最后的试验过程,前期的无数次模拟仿真更为重要,这也是我看到的实验室里就只有电脑的原因。其实我们不是没有真正厉害的设备,只是因为实验室地方太小,需要专门的试验场才可以装得下。

工程科研的节奏是变化幅度很大的。举个最简单的例子,我们设计了一个元件之后,需要送到专门的地方制作,这个制作的过程一般需要几周甚至一两个月。而当元件做好寄回来的时候,就是冲锋号响起的时候,大家都得通宵达旦、不眠不休,只是为了抢出几天的进度。

赶进度这件事还有一个最大的敌人,就是"归零"。

中国的科研事业发展之迅猛是全世界有目共睹的,但是比起

"快",工程科研更重要的一个因素是"稳"。这个"稳"指的是事故率低,而事故率低,靠的是知错能改。

"归零"是航天领域的一个专业名词。打个比方,假设说你设计了一款相机,在出厂检测的过程中,突然有一天它拍出来的照片不清晰了。经仔细观察分析,你发现镜头上有一滴油渍,于是你伸手一抹,把油渍擦干净了,这样是不是就算问题解决了呢?

当然不是,你必须要按照"定位准确、机理清楚、故障复现、措施有效、举一反三"的五大原则,首先确定是油渍导致的问题(定位准确),其次要弄清楚为什么油渍会让拍摄到的照片变模糊(机理清楚),然后再去找些油来滴在镜头上,弄出与刚才一模一样的模糊照片(故障复现),不断地重复这个过程,确定擦掉油渍一定会保证照片质量的恢复(措施有效),最后认真思考,这类的问题还可能由什么导致,比如灰尘、磨损等(举一反三)。

只要一万个环节里的一个出现问题,都要按照这五大原则从零开始,而不是"头痛医头,脚痛医脚",这样的解决方式就叫作"归零"。

中国的科研进程,一直在迅猛发展。在这个过程中,每一个科研成果的背后,科学家们大多经历过无数次的阻碍和失败,但是正因为无数的科研人选择了直面这些磨难和失败,才有了今天中国科技的跨越式发展。

真正的科研,并不是像《名侦探柯南》里的阿笠博士那样几集就能掏出一个新玩意儿,也不存在《钢铁侠》里那样说句话挥挥手就会来协助你的超级人工智能。但唯有这样严谨的态度,我们才能够喊出那句无愧于心的台词:

"我们的征途,是星辰大海!"

从游戏到工作：我的位置

科研人员群体和重度游戏玩家群体有一个共通之处，就是男女比例极其悬殊。之所以要强调"重度"二字，是因为其实女生里面玩游戏的也大有人在，但是游戏的难度每上升一个档次，其中的女性玩家比例就会大大下降。出现这样的现象绝不是因为什么智商上的差距，而是因为大多数女生虽然也会被一些轻松有趣的游戏吸引，但却不太会愿意为了游戏而付出过多的时间和精力。

与女生喜欢的闲适淡雅相比，男生更喜欢挑战，喜欢战胜一个又一个对手的感觉。所以大量的竞技游戏应时而生，无论是射击游戏、格斗游戏，抑或是现在最火的5V5竞技游戏，其本质都是为战斗欲无处释放的人们提供平台，让大家在虚拟的世界里比赛厮杀。

上大学的时候，我玩得最多的是一款叫作"刀塔"的游戏。这类游戏的学名叫作多人在线战术竞技游戏，类似的游戏有很多，近年来火爆的《王者荣耀》也属于其中，相信就算你没玩过，也一定看过或者大概了解过，所以在此不再详细介绍游戏的规则。一般，这类游戏是以5人对抗5人，单局论输赢，每局开始之前，玩家选择自己心仪的角色，开始十几分钟到一两个小时不等的较量。

《刀塔》这款游戏资历极老，当年可以说是垄断所有网吧和大学宿舍。然而这些年来，越来越多的新兴游戏走到台前，年轻人有了别的选择，而当年玩《刀塔》的那群人大多已经成家立业，手里把玩的物件，也慢慢地从鼠标换成了孩子的奶瓶。

然而长光所却是一个特殊的环境，这里的女生少之又少，十几个大小伙子凑到一块，又不爱闲聊八卦，那么休息时间干什么消遣呢好？电脑游戏成了最好的选择。

实验室没有网络，利用局域网能做的事情非常有限，但是很快，同事们就对游戏的选择达成了共识——"刀塔"。每局游戏时间不长，休息时玩玩无伤大雅，玩完之后各人又可以瞬间返回自己的工作岗位。项目空闲之时，它就成了大家感情快速升温的最好催化剂。大家的水平参差不齐，但毕竟彼此相识，无论输赢也打不出什么气来。

虽然我玩游戏的水平已经不比当年，但不谦虚地说，在长光所这个小圈子里我仍然是算厉害的。当然了，这里面是有年龄加成在里面的，电子竞技游戏需要反应速度，而我那些师兄们都比我大十岁左右，在电竞圈里已经只能被划入老年组，自然比不过我这个还没完全经历过青春期的少年。

久而久之，很多人都知道所里新来了一个游戏打得很好的学生，有不少上门挑战的，也都是铩羽而归。

然而，我作为一个科研人员，不断地在游戏上为组里长脸增光，但在本职工作方面，却一直默默无闻。

大学的时候我最痛恨的一门课叫作"线性电子线路"，这门课我正常上了一遍没过，补考了一遍又没过，重修了一遍没过，又补考了一次才勉强及格。大三后的暑假，很多中科大的学生都要留在学校里，以实习生的身份进入学校的实验室内帮老师查查资料。实习可以算作8个学分，我当然不会放过这个机会。

我随便选了一个实验室，面试的时候才发现管事的人正是上"线性电子线路"的老师，真可谓"不是冤家不聚头"。这位老师也是一看见我就笑了，顺便还考了我几个"线性电子线路"的基础题目。也是到这时我才发现，这门我复习了整整四个来回的课程，恰恰成了我整个大学生涯里学得最扎实的一门。

考研的时候选择专业课科目，我选择的是以"线性电子线路"内容为主的电子线路这个科目。到了长光所以后，我所做的具体工作，也主要是应用"线性电子线路"这门课涵盖的知识。

现在想来，我这也算是"在哪里跌倒就在哪里爬起来"了吧。

我的本科专业是电子信息工程，所以硕士专业就顺理成章地选择了相近的机械电子工程。念本科的时候，知识基本停留在书本上，虽然是电子类的专业，每天却还是要和一大堆数学公式打交道。这也是我最开始就觉得这个学科无趣的起因。

但硕士就不一样了，来到长春光机所以后的几年里，我每天和各式各样的电路板打交道，才终于体会到了电子学的有趣。从挑选电子元件开始，设计原理电路、绘制电路板图纸、编写程序、调试功能，还要根据具体需求的改变随时更改程序，一套下来，基本就是一年的时间。

为了保证实验室环境的绝对洁净，我平时上班所在的这栋楼是一个基本密闭的空间，就好像一个大箱子，没有窗户、没有手机信号，待在楼里的时候也根本感觉不到外面的日出日落、阴晴变换。

我的导师是部门的主任，公务繁忙，平均每年加起来见到他的次数不超过五次。绝大多数的时间我就待在实验室里，和身边的几位师兄一起工作或者休息。

平淡的时光转瞬即逝，两年后，我顺利拿到了硕士毕业证书，作为一个还算"好用"的人，顺理成章地留所工作，成为中科院的一名正式职工。

那年我20岁，是中科院最年轻的"科学家"。

可是慢慢地，我发现，我找不到属于自己的位置了。

男孩子大多从小就有个英雄梦想。我也一样，小时候，我曾经崇拜印象中无所不能的科学家，崇拜拯救世界的勇士，崇拜打怪兽的奥特曼，崇拜为国家不怕牺牲的特种兵……我也曾经幻想，长大了的自己同样会是一个举足轻重的人。

大概年轻的时候，大家都曾经以为自己以后会是一个了不起的人。等到长大了，参加工作，到了中科院。在很长一段时间里，我抱着幻想以为自己会在工作中扮演一个不可或缺的角色。是的，至少是不可或缺。

可后来我发现，事实大多事与愿违。

我负责研制的模块，只是组内负责的电子学系统中很小的一部分，而我所在的电子学小组，又仅仅只是电子学项目中"光机电热软"里五大方向中的其中一小支，而就连我们目前在研究的这个总经费超过了十亿的超级大项目，也仅仅是长光所无数个项目中的一小个。

开会的时候，大领导们总会用这样的话语来鼓励参加招聘的人："不要光看着眼前的这点儿事情，要多看看你们现在的领导，那才是你们未来的目标。"

每次听到这样的话，我就会看看前后，再看看左右，然后徒增伤感。

任何工作的团队构成都是金字塔形，而我这种处于塔底的小卒就只能默默地工作，期待着可能会到来也可能永远不会到来的机会。最重要的是，就算没有我的存在，这座金字塔依然是完整的，因为在我们这个体系完整的机构中，一个人走了，随时马上就会有新的砖块填补进来。

其实身边的师兄、老师都有着属于自己的快乐。他们都爱着属于自己的事业。其中一类人追求平淡而稳定的生活，过着自己想要的普通人的幸福日子；另一类人有天赋也更有野心，他们能够靠着自己的创新思维，申请到一个又一个基金项目，发表一篇又一篇国内外瞩目的论文。

可我就夹在其中，不尴不尬。

少年班的这个身份是一把"双刃剑"。它会让人们在第一时间提高对你能力的估计，认为你是一个头脑够用的人，但是时间长了，如果你做不出比身边同事更好的成绩，那就成了一件不可理解的事情。

与此同时，这个身份也在时时刻刻提醒着我自己，你是一个

"天才"，你绝不能甘于平凡，否则就是给少年班丢人，就是给"伤仲永"的故事又一记有力的印证。

更加令我痛苦的是，我发现了自己的能力不足，我缺乏从事科研工作最基本的一项精神——"专"。

搞科研最鼓励的就是"安、专、迷"，即安下心来、专心致志、迷恋至深。长光所近年来最出名的一个成就就是成功研制出了一款直径四米的单体碳化硅反射镜坯。这个项目被称为"十四年磨一镜"，被认为是"安、专、迷"精神的典型事例。我能理解他们在科研上的钻研精神，但我万万想不到他们这种性格是内化在骨子里的，外放时则能够体现在生活的所有方面，比如兴趣爱好，比如喜欢的游戏。

同样，我不愿意做完全重复的工作。而这也就意味着我不够安、不够专，更不够迷。

久而久之，作为部门领导的导师也听到了一些关于我的评价。"王旌尧这个人不安分"，这是身边的人传递给他的信息。

导师叫我去聊天，直截了当地问我："你是不是不喜欢现在的工作啊？"

我脑子飞速运转，丢出了一个自认为巧妙的回答："老师，我能够弄清楚工作和爱好的区别。既然是工作，我就一定会好好完成的。"

导师却不满意:"你如果不喜欢这份工作的话,每天早上起来的时候都会难受,都会痛不欲生,没有工作热情,又怎么能把工作干好呢?"

被导师直言回击,我只好回撤一步:"现在虽然算不上喜欢,但是以后时间长了一定会培养出对工作的热情的。"

可导师却步步紧逼:"兴趣这个东西培养不来的,现在已经不喜欢了,以后只会越来越不喜欢。"

我彻底没了说辞,导师与我面面相觑良久,叹息道:"你走吧。"

导师的意思是让我离开他的办公室,但我总觉得还有另外一层含义。

我觉得,我该走了。

学习小贴士

Q 找工作时兴趣有多重要?

A 除非对某个领域怀有超人般的天赋和热情,否则只要兴趣变成工作,喜欢的事情也会慢慢变得讨厌。如果对自己的天赋和热情没有充足的把握的话,建议还是别让兴趣被"污染"。

规划之前，自知以后

"跳槽"这个词，对很多人来说并不陌生。

在21世纪现代社会，经济发展迅速，人才市场的流通和交换也在高速运转中。在此背景下，跳槽也成为一件很常见的事情，而且一般来讲还不是一件坏事，因为它往往意味着能够升职加薪——"水往低处流，人往高处走"嘛，谁也不会没事就奔着坏的地方去。但对于我来说，"跳槽"却很是一件面临阻力的事情。

我身边的很多人，包括我绝大多数的亲戚，都认为判断一份工作好坏与否，最重要的要素是是否稳定。所以当他们得知我找到了一份在事业单位研究所里的工作时，纷纷表达出了自己的喜悦与祝贺。而当我提出想考虑"跳槽"换工作的时候，几乎我所有的亲朋好友都在劝我再考虑考虑，提出种种反对的理由，譬如：应届生是很吃香的，而工作了几年打算跳槽的人却很可能不受待见，因为在一些用人单位看来，跳槽，就意味着半途而废，意味着能力不足，也意味着不予采用……

而对于我来说，"跳槽"这件事的真正难点还是在"往哪儿跳"上。

而且一如既往地，没有人能够在这件事情上为我指明方向。

上育才的时候、上少年班的时候、选专业的时候、考研的时候，我人生的每一个节点都和常人不同，始终没有人给过我任何帮助和建议。

我总是喜欢幻想如果哪一步我做出了不同的选择，现在的人生会是什么样子，有时这种白日梦做得开心了，还会平白生出几分后悔。同时，我也清楚地知道"往事已成定局"这个简单的道理。用经济学的术语来讲，过去的事情已经都是沉没成本、无法改变。

今时不同往日，我已经二十多岁，虽然谈不上阅历丰富，但也已经不能以稚嫩无知作为借口。这一次，我必须更加冷静地思考，并且为自己的决定负起责任了。

那么，究竟什么才是我想做也能做到的事情？

我不但不讨厌科学，而且绝对称得上是喜欢。自童年时期开始，我就经常看各种关于科学的书籍，而且不像其他孩子被里面五颜六色的图片所吸引，我只是单纯地喜欢其中的道理，喜欢无时无刻不用科学的思维去思考问题。我没有什么创造力，也想不出浮力的原理，但是我能做到在看过阿基米德测皇冠的故事之后，很快地记住并理解其中的奥秘，而且在自己玩水的时候也想着相关的问题。

无论是育才少儿班还是中科大少年班，入学考试考查的都是学生的速学能力，我也是这样才被选拔上来的。中学时我便喜欢自学，大三大四的疯狂追赶更是强化了我的这种能力。我甚至尝试过与我专业完全不同的领域，谎称自己是其他专业的博士生，然后在网上隔着屏幕一边翻教材一边与真正专业的人侃侃而谈。领域之间的鸿沟对于我来说几乎不存在，因为我完全能够在最短的时间内成为任何领域的半吊子。

是的，我学得很快，这就是我最强的能力。

除此之外呢？还有吗？

我对现在这份工作最大的不满，来自始终处于金字塔底层的不甘。比起一个默默耕耘的技术人员，我觉得自己更擅长管理。一路走来，尽管我一直比身边的同学小上几岁，但从未因此与他们有任何的隔阂，甚至在很多活动的组织过程里，真正站在最前面引导大家的正是我这个年龄最小的"小屁孩"。而且同样是因为我年龄小，我就恰恰更能和低年级的后辈打成一片，而这也意味着，我能够成为连接整个集体的桥梁。

对，正因如此，我擅长管理，也同时喜欢着组织管理的过程。

想通这两点以后，事情就变得简单多了。

从技术到管理

很多不了解中科院具体情况的人会问我这类问题:"你认不认识×××啊?也是你们中科院的,××所的……"绝大多数的情况下,我都只能遗憾地说一句:"抱歉,中科院太大了,您说的这个人我真不认识。"

很多人还理解不了,往往会追问道:"这个人很有名的,你再想想,真不认识吗?"对于这种情况,我就只能摇头苦笑了。

中科院究竟有多大呢?据不完全统计,中科院的正式职工人数在6.8万人左右,光是院士就有797个。所以说,即使我能够认识680位院内的同事,也仅仅占到全院的1%,更何况我根本记不住那么多人……

不说别的,仅仅说我们长春光机所吧。作为中科院第一大所,长光所的建制是十分完善而庞大的,13个管理部门、20个科研部室、4个支撑部门，仅在职人员就超过2000人，有的部门人数将近200人，连部门主任都认不全自己手下的兵马，更别提所级领导们了。

与很多的大型企业相似，我们这种体量的单位存在一套完整的体系，门类齐全，岗位繁杂。

对于我一个中科院普通员工来说，所长是很难见到的，基本只有在每年年初的全所工作会上才有机会得见一次，而且还只能在视频分会场看看转播。平时，我们要是想得知些所内大事，主要是靠告示板上张贴的通知文件。这些通知大多是公示性质的，看看即可，纵使风云变幻，总归与我无关。

但某一天，一则新贴出来的通知下面却一反常态地围了一大群人，我也挤上前去看，那赫然是一则所内招聘启事——

"根据工作需要，经所务会议研究决定，现对所长办公室空缺岗位进行所内招聘……应聘条件：具有硕士及其以上学位，在初级专业技术岗位工作满2年以上……主要职责：从事战略规划与管理工作；从事科技前沿、创新方向的调研、整理工作；从事重大活动策划、组织、服务工作；从事重要报告、文稿的起草、编纂工作……"

围观众人中，大多数都是面无表情地转身离开，唯有我激动得两眼放光、心跳加速。仔细看了几遍应聘条件，确定自己符合之后，我偷偷地拍了张告示的照片，赶紧跑回实验室里细细观看。

那是我来到光机所的第六年，我正式工作的第三年，天不负我，机会终于出现在我的面前。

所长办公室是与所领导、甚至更上级的领导们接触最近的一个部门，其重要性不言自明。但是离所长更近，也就意味着一举一动都将落入这位顶层领导的眼里，你的出色或失误，在这里都会变得更加醒目。

如果是盖章管印、整理档案一类的岗位也还好，可偏偏现在招聘的这个岗位又是一个实实在在、绝对无法蒙混过关的位置。上面写出的工作职责众多，用"秘书"二字似乎也不能完全概括，我个人理解更类似于唐代"拾遗"一职。

"拾遗"，字面意思上是拾起（决策者）遗漏的事物，说白了就是智囊团。这可不是一个好干的工作，稍不留神可能就会惹怒上级。当年白居易和杜甫都当过左拾遗，但都没干几年就被贬去别处。

但是对我来说，这几乎就是一个量身定做的岗位：一方面，"科技前沿、创新方向的调研、整理工作"，正好用得上我快速学习的能力；另一方面，"重大活动策划、组织、服务工作"，又让我能过上管理层的瘾。除此之外，"重要报告、文稿的起草、编纂",并不是那些真正醉心科研、满脑子公式算法的"纯种"理工男能够胜任的,却恰恰是我这个半吊子文艺理工男的强项。

与身边朋友探讨良久,他们对我报名应聘一事都莫衷一是,但大家都认为此事的症结在于风险太大,一旦应聘不成,场面将会非常尴尬,无法想象原来这个组的领导和同事将用什么样的眼神看我。

以前所有的决定都是我一人所做,如今却有了几位亦兄亦友的人为我出谋划策,至少证明我混得还算不差。但感激归感激,最终的决定还是要我自己来做。

"天与不取,反受其咎,时至不行,反受其殃。"思来想去,我最终决定试这一把。

我向我的导师,也就是现在的部门主任提出了想参加这次招聘的想法。导师虽感慨万千,但还是尊重了我的决定,并在我的申请书上签了字。提交资料几天后,我接到了参加面试的通知。

面试当天来的人并不多,但大都是一副表情凝重、来者不善的样子。看看别人的西装革履,再看看我自己身上临时挑选的衬衫,似乎从气势上我就先输了一阵。

考官基本都是所内管理部门的主任和处长,理所当然地,这些部门领导对我毫无印象。在这种与领导们对话的场合,我一直遵循着不卑不亢的原则——在保持基本礼貌的前提下，该说什么就说什么。能在中科院第一大所当上领导的个个都不是等闲之辈，所以在他们眼中，我任何的隐藏恐怕都是徒劳的，不如实话实说，反而显得有底气。

找到适合自己的方向的感觉是非常奇妙而美好的，甚至在自我介绍的过程中，我越来越觉得自己适合这个岗位——我画过硬件的图纸，也编过软件的程序，虽然专业是学电，但也研究过机械控制的内容，光学略懂几分，化学也有些基础……

中学时数理化的底子、大一时全专业基础课的学习、大三大四时为了凑学分而乱学的其他专业的课程、工作后帮师兄打杂解闷时偶然学到的知识，这些零零散散的碎片，一切的一切竟然在今天都有了意义。

随着这种近乎盲目的自信，我越说越兴奋，房间内紧绷的气氛也慢慢松弛了下来，几位考官甚至还就我说的某个话题聊了起来。当我退出房间，看到他们面带微笑的表情时，长舒了一口气。

几天后，我接到了正式的调职通知。

无论中学、大学，还是医院、公司，但凡是成员超千人的大单位，必然会设置林林总总的众多部门，而这些部门又往往会分为管理部门和非管理部门两大部分。

长光所也不例外，管理部门与科研部室各司其职，工作性质也是完全不同。钱锺书觉得婚姻像围墙：里面的人想出去，外面的人想进来。管理部门与科研部室中间似乎也隔着一道墙，两边都认为自己是被围在里面的人，也都觉得对面才是自由的世界。

　　原来的同事纷纷恭喜我鲤鱼跃过龙门，可与之形成鲜明对比的是，每一个管理部门这边的新同事都看着我长吁短叹，皆一副"阳关大道为什么你不走，地狱无门你干吗非要闯进来"的神态。

　　在我刚有一丝迷惑之时，所长的训话给我定了心：

　　"从今天起，你就不再是一个技术层面的人员了，把你自己当成一个战略科学家。你需要考虑的，就只有能不能做，而不是怎么做……"

　　我尽力让自己平静，但还是止不住地笑了出来。

　　这就是我想要的，这就是我不求甚解的性格和能力能发挥最大价值的所在。

　　仿佛有一个声音对我说："这一局，算你赢了。"

第八章

与电视结缘
——综艺之始

> 相信对于绝大多数的人来说,"上电视"都是一件陌生而遥不可及的事情,对我来说也是一样。2015年,我把第一次上电视的经历,即所谓的"荧幕首秀"献给了《一站到底》这个节目,也从此开始了我的综艺生涯。而这一切的一切,其实都开始于一碗面条。

缘起:"孟非的小面"

故事得从2014年说起。那段时间,因为我太喜欢宅在家里,当时还是我的女朋友身份的小张老师只好勉强迁就于我,所以我们虽然恋爱还没多久,就已经开始过上了围着电视吃晚饭的老年生活。

当时浙江卫视还未凭借《奔跑吧》异军突起,湖南卫视也似乎因于瓶颈,而江苏卫视则凭借着播出第一季便大红大紫的《最强大脑》节目,风头大盛。

说起江苏卫视,想必没有人不知道《非诚勿扰》这个节目,作为国内相亲节目的龙头老大,开播多年仍然热度不减。小张老师一家都是《非诚勿扰》的忠实观众。

那阵子正是我每天硬拉着小张老师看日漫或者美剧的时候。每次看过几个小时的烧脑剧情,她就会痛苦地揉揉脑袋道:"信息量太大了,能不能看点儿不用费脑子的歇一歇?"然后她不由分说地打开《非诚勿扰》来看。

而我虽然之前对这类相亲节目有些抵触,但很快被孟非的主持风格吸引了。可以说,这节目被这个"光头老孟"给盘活了。既会说话,又敢说话,这样的主持人太过难得。后来我找机会读了孟非的《随遇而安》自传,仰慕之情更是一发不可收。我俩一口气看完了整整半年的《非诚》,大呼过瘾之余,小张老师遗憾叹息道:"唉……要是能亲眼看孟非主持节目就好了。"

我笑道:"这怎么见?总不能你自己去参加《非诚勿扰》吧,刚找的男朋友就想换人?"

她冷哼一声:"换人的事儿以后再说……就算是见不到孟非本人,能去一次'孟非的小面'也是好的啊!"

"孟非的小面"是孟非在南京开的一家重庆小面专营店,那一阵子,无论是新闻媒体还是孟非自己,都大肆宣传这家面馆,给人一种不吃枉为中国人的感觉。

不过不管怎么说,我们也不可能为了这种事情专门去一趟南京。毕竟,算上长春到南京来回的机票,两千多块钱一碗的面条,我们俩肯定是吃不起的。很快,我们就聊起了别的话题。

没想到,这无意中的几句话,为后来的一切埋下了伏笔。

转眼便是一年之后,我刚好有了一次去江苏无锡出差的机会。

周四周五把正事办完，周末还可以玩上两天。

当时的小张老师找工作连连受挫，始终不能成为正式老师，所以每天都是阴郁万分。正好趁着这个机会，我给她也买了周末的机票，打算一起玩上两天散散心。

无锡虽大，但是碍于时间紧迫，我们只在太湖的影视城附近玩了一圈。那阵子正值江浙的梅雨季，天公也不作美，大雨瓢泼下个不停。躲雨之际，我们突然想到，无锡离南京只有一个小时的车程，不如我们去南京转转。

虽然我俩在工作学习上都是拖延症晚期患者，但是在玩的事情上从来都是雷厉风行、杀伐果断。半个小时后，我们就坐上了前往南京的火车。

南京也是一样被阴云覆盖，不过到底是六朝古都，气象非凡，这座集古朴与繁华于一身的神奇城市一下子就让人喜爱万分。当天晚上，我俩也没什么计划，就随便在新街口附近转了转，又在偏僻之处找了家地道的鸭血粉丝小店，大快朵颐了一番。

第二天上午还能在南京待半天，这时间不尴不尬，也来不及安排个什么景点。我问小张老师想去哪里，她往斜上方一指，我顺着她手指的方向一看，登时明了——那是一块孟非的大广告牌。

真没想到，一年前随口提过的事情，竟刚好可以完成。我们两个一拍即合，就此决定明天去传说中的"孟非的小面"。

第八章 与电视结缘——综艺之始

事实证明,我们太天真了。

"孟非的小面"的火爆程度,我们是久仰大名了。第二天,我们俩为此特意起了个大早,坐了近一个小时的公交车,八点半就赶到了它所在的大商场。可到了以后才知道,原来人家商场十点钟才开始营业。我们俩面面相觑,但既然已经大老远地来了,那就安心等着吧。

幸运的是,那天是久雨初晴,天气出奇地好,我们买了些早点,坐在路边的消防栓上,看着南京本地的大妈们在商场前锻炼,也别有一番趣味。

好不容易到了十点,商场甫一开门,我们便一马当先冲了进去,跟着导引牌,直奔"孟非的小面",成功当上了第一拨客人。

一位服务员示意我们坐在店前面的木质长椅上。我不解,问为何要坐在店外。服务员解释说:"这是等位区,一会儿开门了就按照这个顺序往里进。"

"呃……请问什么时候才能开门呀?"

"十一点。"

这下子我们可真的傻了眼,如果等到十一点,赶不上酒店退房是小事,就连飞机都可能误点。

小张老师咬咬牙,不甘心地说:"算了,在门口给我照张相,留个纪念就走吧。"

　　毕竟飞机不等人，没办法，这次只好作罢。拍过照片，我们两个可怜兮兮地无功而返。

首秀：《一站到底》

我实在不忍心让"孟非的小面"这件事情就这样成为小张老师心中的遗憾。回家之后，我每天都琢磨着还有没有什么机会再去一次南京。一次与同事说起此事，同事给我支招："你不是挺喜欢那个《一站到底》的吗？报名参加，不就可以去南京了？"

《一站到底》在当时也是国内首屈一指的答题节目了，我之前就常有观看，但是没怎么动过参加的念头。因为一开始的节目规则是："每人答一道题，只要有一道题不会就当场输掉，掉进坑里。"我的知识面很窄，平时从来不看体育节目（除了电竞），地理更是一窍不通，如果按照原来的节目规则，去了只有丢人的份儿。

2015年春天，《一站到底》搞了个节目改版，规则改成了抢答制,先夺八分者为胜。节目改版后的第一期,是一个叫邓楚涵的剑桥学生成功夺得了"站神"称号。这邓楚涵又帅又阳光,把小张老师迷得不行。自那以后连续三周,她都是按时守在电视前等着看大帅哥出现,一直目送邓楚涵连胜三场,取得"智库"资格。

当时我心里就很不服,心想有什么的啊,规则都变简单了,不就是抢答吗?这种会一题算一题的东西,我去我也行!

我不仅想了,还真的上《一站到底》的官网报了个名,认真地填写了满满的一页个人简历,从小学写到工作,详尽无比,还放上了一张正式无比的证件照。

那次报名最后不了了之,没了回音。我自己推测,可能是编导看着我那一大页东西,觉得我一定是个超级无聊的家伙,看都没看就直接删除了。

这次同事又提起《一站到底》的事情,让我不由得又动了心思。反正试试也不花钱,我打开电脑,点开一期最近的《一站到底》,用手机扫二维码进入了报名页面。

手机端要填写的内容果然就少了很多,"个人简介"那里还特意注明了"少于200字"。我心想,既然上次写得多了没人理,那这次就挑重点的来吧。

于是,我这次只写了一行:"18岁大学毕业,20岁进入中科院工作。"

第八章 与电视结缘——综艺之始

一周后，我接到了来自南京的电话。

说实话，当我一开始听到"你好，我是江苏卫视《一站到底》节目的导演"时，心里闪过的全都是最新的电话诈骗套路，也一直支支吾吾地没怎么吱声，直到他说"你什么时候有时间？我们想跟你做一次视频面试"的时候才乱了阵脚，脱口而出道：

"我什么时候都有空，请随时找我。"

所幸导演没有笑话我，只是客气地说："好，那我们就定在明天下午四点视频吧。"

接下来的一天，我都是在紧张和激动中度过的。对我来说，这就是一年甚至几年来的头等大事。

下午三点，我就洗好了脸，穿上了刚熨好的衬衫，早早地坐在电脑前，准备迎接神圣的面试。

四点整，我终于接到了导演的视频通话邀请。看到对面场景的一瞬间，我首先在心里想的是"他们那儿好乱，说不定真的是骗子呢"，不过导演也不容我瞎想，马上切入主题，正式开始了面试。

面试分两部分，第一部分是自我介绍。这部分我早已轻车熟路，叨叨叨几句便说清了我"惊世骇俗"的人生经历，可是对面并没有露出我期待中的惊讶神色，反而微微皱眉道："呃……经历确实很了不起，但是你说的时候可以开心一点儿，别那么严肃……"

我心里暗道不好。我从小就觉得自己颧骨太高，笑起来会很难看，所以一直控制自己的表情，久而久之，放松时的表情就是一脸苦相，而故意微笑时也只是一张没有表情的脸，可谓是我人生中迈不过去的一道坎儿。

不过既然导演提出来了，我也只能有意识地控制表情，又来了一遍阳光向上的版本。这次导演表情缓和了许多，又与我闲聊了一会儿，大概是终于确定了我是一个具备正常聊天能力的人，点点头笑着说："没有问题，那我们来第二部分吧，我需要考你一套测试题。别紧张，这些题比节目里的简单，你会的话就抢答，想象自己在台上，状态尽量激昂一些。"

我早猜到会有这样的测试，毕竟《一站到底》要找的还是来答题的人才。不过，关于答题的能力，我自己心里也是没什么底。虽然我从小时候看《开心辞典》时就养成了跟着电视答题的习惯，但是当时还没有如今流行的"头脑之王"一类的答题程序，正经的知识答题测试这还是头一遭。

所幸，导演念出的测试题目的确要比节目上的简单不少，也多亏了我这些年看过的杂书，竟然让我蒙了个八九不离十。就连我最不擅长的地理和体育题，也让我用"纽约""伦敦""梅西""乔丹"的撞大运方法混了过去。

导演始终只是露出一副面带微笑、深不可测的表情，我完全不能从他的表情读出我的答案是对是错。把题目全部念完后,他也只是笑着说:"OK(好),都挺好的,那我们导演组这边开会讨论一下,你等我们的通知好吧。"便匆忙结束了通话。

这次等待足足持续了三周。三周以来,每一天我都会看无数次QQ(一种流行的中文网络即时通信软件),确定没有收到导演的信息以后,又一次次地失望,直到我再次接到了那个南京号码打来的电话。

这次导演组终于给了准信,而且是直接通知我录制的时间和地点,顺带帮我订了来回的机票,而我也当然自费帮小张老师订了同样的航班。

南京,我们又来了!

结果：一站掉底

几个月后再赴南京，我们二人的心情已经与上次截然不同。这次的我是带着《一站到底》的使命来的，意义非凡；而小张老师的工作也终于确定了下来，算是特意请假来为我加油助威的，整个人都格外奋进激昂。

节目组安排的住处是录制场地附近的一家四星级酒店，这对于当时的我俩来说也是奢华无比了。我们连连感叹这趟来得值，就只算这"包吃包住包路费"，也不枉我们折腾一回。

但是对我来说，最好奇的还是参加这期节目的人，也就是我马上要面临的对手。之前在电视看节目，这些嘉宾选手都是虚无缥缈如仙人般，谁又知道这次我会对上哪路大神？

当天晚上，节目组带着我们这期选手一起搞了次彩排。不过为了保持神秘感，节目组让我们每个人先给自己编个身份，搞一次假的自我介绍。我急中生智，把小张老师的身份套在了自己身上，倒也没什么违和感。其他人杂七杂八地，倒也都编得头头是道，颇为有趣。

第二天一大早，节目组就让我们到录制现场集合。我之前在网上查到的录制现场是在一个比机场还偏远的影视基地里，不过其实这个信息已经失效了，大概是随着节目改版，《一站到底》的录制场地改到了南京国际博览中心的一个场馆内。

说来有趣，后来我和小张老师还是去了一趟那个影视基地，因为那里还是江苏卫视《芝麻开门》节目的录制地点，这是后话。

那是我第一次参与节目录制，不熟悉套路的我是彻底两眼一抹黑，只能一步一步完全听从导演的指挥。

先说服装。我为了上节目特意买的几套衣服被导演下了"完全不能用"的评语，只好换上节目组准备的衣服。其中的一个小插曲是，在换衣服的时候，我还被管服装的Tony老师（我瞎编的）说了句"你是运动员吗，怎么又黑又壮的"，我姑且当成是对我这个宅男的表扬。

再说化妆和发型。其实化妆师给我弄的那个发型最开始还算好看，至少我个人比较满意。谁知后来节目的录制时间拖得太长，等我正式开始答题的时候，已经过了六七个小时，发型整个趴了下去，再加上我满面的油光，活脱脱一副"中年脱发男子强行靠发胶掩饰"的样子。这副尊容成了接下来的一年里,我的朋友和亲人们在茶余饭后的笑料。

最后说台词。节目组让每个人都准备了在各种稀奇古怪的场合下可能用到的台词,比如"遇到钓鱼节目主持人时的挑衅说辞""不幸被大嗓门儿老师击败时的遗憾说辞"等,当然还得有最终获得"站神"称号时的演讲说辞。

我来之前精心做了准备,竟然遭到了导演的全盘否定,原因是"都不太适合在电视上播出"。经验老到的导演教了我一套万能台词,稍加修改就可以在各种场合下使用,而这也就成为我在掉坑前的宣言:

"我很喜欢的数学家笛卡儿说过一句话:'人的知识储备就像一个圆,我们的知识储备越大,这个圆的面积也就越大,但是周长也越大,这样我们接触到的未知也就越多。'"

前面的准备内容说了这么多,有关节目录制的具体过程反而乏善可陈了。总之,由于我是倒数第二个被选中答题的人,前面的几个小时里,我就一直在场边神游,直到一个名叫尚书的大哥出场,我才回过神来。

我回过神来的原因有二,第一点是因为他作为一位优秀的肿瘤科医生,娓娓道来了一段感人至深的故事,演讲才华的确非同一般,后来他还被北京卫视邀请参加了《我是演说家》呢;第二点其实更重要，因为他是一个地道的沈阳人，老乡见老乡，难免一起两眼泪汪汪。

可惜，尚医生也很快败下阵来，击败他的是已经连胜数人，霸气十足的作家徐小疼。而她选择的下一个对手，终于轮到了我。

成为作家是我儿时以来的梦想，那天与一位真正的作家对垒，一上来我的气场就弱了一大截。虽然上来还4比2领先了一瞬，但很快我的缺点就显露了出来：体育题完全不会，地理题也是一塌糊涂。而且我的记忆力只够让我回忆起四个字以下的词语，所以当徐小疼说出"车尔尼雪夫斯基"的一瞬间，我就只记得给对手鼓掌了，彻底丧失了斗志。

失败宣言、与主持人握手、掉坑三个动作一气呵成，等我爬出来的时候，最后仅剩的一位选手也败在了徐小疼的手下。而接下来出场的守擂擂主，是一位天生就没有左手的女孩，名字叫张超凡。说来也巧，她是长春人，也算是我的半个老乡。

我在台下的监视器里，和已经掉坑的众人一起看完了这场巾帼之间的较量，最后是张超凡胜出，和那位邓楚涵一样，成功获得了进入《一站到底》"智库"的资格。

现在回想起来，那时候的我真的是太稚嫩，完全不懂在摄像机前面应该呈现出的样子。而更可怜的是，包裹这颗稚嫩灵魂的身体，呈现出的是一个油腻中年大叔的姿态。

果不其然，到了节目正式播出的时候，留给我的镜头少之又少，台词也所剩无几，几乎可以说是整段剪掉。用我表妹的话说："完全是昙花一现。"

幸运的是，这次小张老师终于如愿以偿地吃到了"孟非的小面"。

这次的《一站到底》之行，除了"答题三连击"换到的微末奖品外，最大的收获就是通过节目认识的这几位新朋友。而其中对我个人而言最重要的，就是我那位来自沈阳的老乡——尚书医生。

两年之后，正是通过他的介绍，我才获得了参加《加油向未来》的资格。也正是通过《加油向未来》，我才发现，原来世界那么小，原来我还能遇到尚书，遇到张超凡，甚至是邓楚涵……

第九章

《加油向未来》
——冠军之路

> 电视界有一个从业者都心知肚明,但是观众却往往意识不到的小常识——综艺节目本身和实际播出来的内容完全是两码事。

被"忽悠"了

2016年春天,节目播出半年后,我突然收到了尚书医生的微信,说有一位央视的导演联系到他,邀请他参加一个全新形式的科普节目,但是他不确定有没有时间,就问问我有没有兴趣。

我当然好奇,马上加了那位导演的微信。导演也很专业,很快就是几条语音发过来,简明扼要地说清楚了节目的基本形式,还发给我一个PPT(演示文稿),是关于节目的详细介绍,文件名是"加油向未来"。

看过一遍简介之后,我马上就下定决心——这个节目,说什么我也要参加!

PPT里的信息量很大,不过每一条都深深地吸引了我:"中央一套播出",不用说,倍儿有面子;"大型科普实验答题节目",

科学题,这是我的强项啊;"撒贝宁主持",我最喜欢他了,全中国谁不喜欢撒贝宁;"明星和素人组队答题",我的天哪,跟明星组队,我能跟大明星组队啦……

我遏制住自己的幻想,擦了擦口水,用颤抖的手指打出"我愿意参加"发给了导演。

接下来的流程就与当年的《一站到底》大同小异了,填写了基本资料之后,第二天就和节目的负责人约了时间面试。

负责面试的人是一位和蔼可亲的大叔,面试的内容也完全就是闲聊,时间很短,也就不到十分钟吧,最后的结果也和那时一样,让我等待节目组的通知。

上次《一站到底》的面试通知等了三周,所以这次我有了经验,知道这种等待可能会很漫长,所以也没有太急躁,只是保持着一贯良好的自我感觉,觉得肯定是十拿九稳,满心想着要和大明星组队参加节目的事情。

一直到了6月底,我终于有些慌了,因为7月3日节目就要正式开播了!我问最开始的那位嘉宾导演,是不是因为我面试表现得太蠢了,节目不让我参加了?导演也只是回复说:"别着急,现在只录制了最开始的两期,后面的人选都还没有确定下来呢。"

没办法,既然人家都这样说了,那就只好等着。到了节目正式播出的那天,我熬夜看完了重播,节目精彩得让我心潮澎湃,同时也让我更加着急。

我安慰自己：节目一共是十一期，还有九次机会呢，希望还是挺大的。

可是这种安慰方式的后果就是：每当新的一期节目播出，我在欣赏的同时，也就清楚地意识到自己的机会又小了一分。到节目全部播完的时候，我也只好苦笑着坦然面对这次失败。

随着观看节目的过程，我也发现了一些规律，侧面证明了我这次被节目组"抛弃"其实是必然的。

首先，明星和素人组队的基本原则是男女搭配，而请到的明星嘉宾75%都是男性，所以素人嘉宾里也就以女性嘉宾为主。

其次，那些所谓的素人，其实也都是各自圈子里的明星。尤其是有一期，薛之谦的搭档竟然是我人生中最崇拜的偶像——女流！输给自己的偶像，又有什么可抱怨的呢？

既然想通了这两点，那就只当自己做了一场高攀央视的美梦吧！慢慢地，我也淡忘了此事。

《加油》第二季

2017年春节,我和表哥表嫂一起陪着奶奶打麻将,激战正酣时,突然收到了那位嘉宾导演群发的拜年短信,上面除了常规的寒暄,还写着一句"《加油向未来》新的一季正在筹划中,期待与大家的合作"。

我看过之后,又气又笑,心想,你难道还想再耍我一次不成?完全没把此事放在心上。可我万万没想到,几个月后,导演突然通知我,这次真的要让我参加录制了。

我喜不自胜,当即答应,然后顺口问了一句,这一季打算请哪些明星呀?

导演回复我说,这一季的规则有所变动,不再邀请明星了,而是改成一队成年人和一队未成年人PK(对决)的形式,不过其他部分还是和以前一样。我心里微微有些遗憾,不过也没说什么。

我当时考虑的是：毕竟是央视的节目，就算不请明星了，也还有个撒贝宁镇场子呢，去了是绝对不亏的。可我忽视了一点，那就是导演这"一队"两个字，背后还隐藏着一个巨大的陷阱。

之后的种种流程无须赘述，无非是再次面试、填表、答题、录制自我介绍视频一类的琐事。5月，我到达北京，正式开始了《加油》第二季的录制。

录制地点叫作"中外名人影视基地"，藏匿于一个叫作"蟹岛"的度假村中，位置在北京的大东北角，离首都机场不远的地方。

到了宾馆以后，我的负责导演出来接我。那是一个比我大不了几岁的小哥，顶着一头卷毛，穿着一条莫名其妙的超肥阔腿裤。他人蛮热情，听说我没吃午饭，就邀请我到他们导演的房间，一起吃刚刚叫的外卖比萨。

闲聊的过程中，我认识了这几位年轻的嘉宾导演，分别是卷毛小哥吴炫、嘉宾总导演张玥，还有之前联系我的马爽。他们有的是刚刚毕业的学生，有的甚至还没毕业，只是过来实习的，所以一个赛一个年轻，完全颠覆了我对央视导演的刻板印象。

聊得差不多了以后，吴炫带我到录制现场，让我到嘉宾休息室等候安排。我这时才想起来问他一共有多少人参加录制，他回答说:"三十个大人,三十个孩子。"

我说:"一共十期,那是每期三个大人,三个孩子呗?"

吴炫诡异地一笑:"我说的是每期都有大概三十个大人,三十个孩子。"

我这才明白过来"一队"的真正含义,只得在心中叫苦不迭。

遇到第一人是毕导

休息室里只有两个人比我先到,一个女生趴在最里面的沙发上睡觉,还有一个男生老实地坐在离她最远的位置,气氛安静而尴尬。

我坐过去,和那男生闲聊起来。他说他叫毕啸天,是清华大学化工专业的直博生,今年博二;我说我叫王旌尧,是中科院长春的一个研究所的助理研究员。初次见面,又同属科研界,自然免不了一番互相吹捧。互吹过后,我随口问起节目组是怎么联系到他的,他说他有一个微信公众号,叫"毕导",节目组可能是看过他写的文章,所以就联系了他。我当时是一个连微博都没有的人,更没关注过这类自媒体公众号,所以也没多问。

过了一小会儿,嘉宾室里的人慢慢多了起来。每进来一个新人,我们就邀请他加入我们的聊天小组,也逐渐认识了我们这里的各个团队嘉宾。

有一位化学老师，一直捧着个保温杯喝水，是个看起来老实稳重的人，可是谈话间我们却惊讶地发现，他几乎上过我们听说过的所有的综艺节目，到了第二天节目录制的时候我们才明白为何。在我们这些"综艺素人"不知道应该在什么时候表现出什么样的状态，只知道默默答题乖乖坐好的时候，只有他一个人撑起了整个场子，一次又一次地补足了导演对选手表现力的需求。

还有一位来自上海的姓车的中年大哥，他是个搞房地产和装潢，兼职开动漫店的老板，一上来的开场白就是"我去年在×××炒房子只赚了一百万，好气的哟，本来能够赚六百万的，真是好气的哟"。本来以为是那种财大气粗的土豪，可是接触久了就会发现，这位车大哥只是性格太过单纯耿直，有话就说，其实本质上是个挺好的人。他也上过不少答题节目，知识面无比广博，堪称中国答题综艺界的扛把子。

另外，还有一位仁兄不得不提。大概因为他是个文科生，所以一开始迟迟没有加入我们这个理工男的聊天小圈子，观望了一阵之后，他终于走过来，发表了一番很正式的自我介绍："大家好，我叫汪星宇，是刚从纽约大学毕业回来的，我的专业是国际关系……"

自从大学时开始，我就对出国留学的人有一种本能的抵触，对他自然也不例外。可是事实证明，我对人的第一印象基本都是不准的。后来，这位汪星宇成了我这次"加油"之行认识的最好的朋友之一。

更重要的是，正是因为他，我才有了写这本书的契机。

一直等到晚上九点，选手才基本到齐。总导演进来，一阵寒暄过后，让我们每个人都上前做了自我介绍。

在场的选手个个都是心高气傲之人，自我介绍的时候也是谁也不服谁，纷纷拿出自己这辈子最亮的名头来炫，自我介绍也就开成了吹牛大会。到了我上前的时候，我受到气氛感染，也是毫不谦虚，标榜自己是全中科院最年轻的人才，在场唯一的专业人士，专门设计卫星的大科学家……

正吹到一半，导演打断了我："我提醒大家一下，现在怎么说都行，不过明天正式录制的时候，建议还是把自己的身份描述得低一些。否则你一个大科学家，哪怕就说错一句话，人家观众也会觉得万万不应该。"

导演又示意我继续说下去，可我哪还敢废什么话，赶紧灰溜溜地下了台。后面自我介绍的人，也都中规中矩，谦虚了许多。

不过，不管大家吹牛与否，我还是通过这次自我介绍对30位嘉宾的构成有了基本的了解：

主要分为四类。

第一类是颜值担当，包括各种校花校草、演员模特，录制时也是坐在第一排；

第二类是知识担当，主要是我和毕导这种搞科研的理工男组成，被安排坐在第二排中间，负责组织周围群众讨论，带动整队的讨论气氛；

第三类是杂学担当，一般是在某个领域（比如医学、环保、汽车）有所建树的专业人士，坐在第三排；

第四类是串场担当，以那位化学老师为代表，负责在节目进行到枯燥的时候活跃气氛。

在大家做自我介绍之前，我已经做好了"到此一游"的自我定位，把心理期望降到了最低。可是在掌握了选手的构成之后，突然又燃起了熊熊的希望。

在场的选手虽多，可是真正搞科研的人少之又少。在我看来，能够算作对手的人充其量也就那六个人。六个人里决出一个冠军，未必就不会是我。

第二天早上，录制正式开始。我摩拳擦掌，准备大战一场，一鼓作气，抢到那个上场PK竞技的机会。

而事实上，抢到这个机会，我用了整整九期。

节目里的友情与公平

很多观众不理解,为什么短短一个多小时的综艺节目,要录那么长时间,不是应该一会儿就完事儿吗?

其实任何综艺节目,都有很多冗余的部分要被剪掉,比如当年参加《一站到底》,其实我的部分算上聊天和答题也有半个小时呢,但是实际上播出时,因为种种原因,其实只留下了不到十分钟。这种拍三留一的时间比例,其实已经很不错了。选手采访的内容要更加过分,经常是十几个问题采访一个多小时,最后只播出其中一句话。另外,对于很多综艺节目而言,每拍完一个镜头就要调整一次灯光、机位等道具,所以也会浪费一些时间。

除了这些常规因素,《加油向未来》这个节目还有一个非常浪费时间的部分,就是准备实验道具。这个节目的实验风格就是"大",实验道具动辄卡车、坦克一类,要把这几十吨的实验道具

第九章 《加油向未来》——冠军之路

准确无误地放到适合拍摄的位置,是一个非常精细而耗时的过程。

而在他们搬运道具的时间里,我们这些选手也是不允许离场的,唯一的一项娱乐活动,就是聊天。

上一章讲过,节目组在安排座位的时候是有一定规则的,比如我所在的第二排,是要求具备深厚科学知识储备的一排。而且,因为我们这类选手的目标都是走上冠军台,所以"忠诚度"也是最高的,基本没怎么换人。所以很快地,我周围就形成了一个知识讨论小组。

理工男是很容易从人群中寻找到自己的同类的,这是我和"毕导"看到彼此时心照不宣的想法。毕导本名毕啸天,是清华大学化工系的一位在读博士,因为兼职辅导员,所以被称为毕导。有一句被用烂了的话,叫"好看的皮囊千篇一律,有趣的灵魂万里挑一"。这句话本来是用来吹捧有趣的灵魂,可惜发展到后来,那些所谓"有趣的灵魂"倒也变得千篇一律起来。然而,在万千段子手中,毕导这朵奇葩是有自己独特的一套路子的。其实他的文章,从我们理工男的角度来看,并没有什么特异之处。无非就是把生活中一些常见的小问题模型化分析,比如西瓜子的分布方式,微信红包的分配概率等。但是偏偏他写出来的东西,就是能逗人笑,逗人开心。不管你服不服气,好玩而且用心的东西就是会有人看。在我刚认识他的时候,他还只有《微信红包先抢和后抢差距居然这么大》

这一篇代表作。现在不到一年的时间，"毕导"这个微信公众号已经火爆到了篇篇10万+的阅读量。有很多人会质疑，为什么清华的博士不安心搞科研，非要做这种博人眼球的事情。我想说，清华的博士有成千上万，但是毕导，就只有这么一个。

相对地，文科生的世界对我来说就没那么好理解了。

汪星宇，上海人，毕业于复旦大学，又去纽约大学读的硕士，说起话来温文尔雅，书生气十足。按理说，像他这样学国际关系的海归，毕业以后大多会选择从事一些光鲜亮丽的金领、白领工作。可他偏偏选择放弃国内外高薪工作，回国支持乡村发展建设，去到中国最贫瘠的农村开始了自己的"乡土研学"创业。我打心眼里佩服的人不多，汪星宇算一个。

我本以为汪星宇的乡土研学创业已经算是一个很不一般的事业了，但《加油》这个节目还是找来了从事更加神奇工作的人类——"星空摄影师"叶梓颐。我也是认识她以后，才意识到网上的那些极光一类的绝美照片，原来不是用CG（计算机动画）做出来的，而是这些摄影师跋山涉水、冒千难万险拍的。看她的朋友圈，今天被困在冰岛的暴风雪里，明天险些被卷入海上漩涡，精彩程度不亚于一部荒野求生记。从事这份工作，既需要经得住自然考验的健康身体，又需要永远保持清醒的智慧大脑，但是最重要的，还是"决心"二字。

这几个人坐在一起，基本就可以算得上"所向披靡"了。基本上是实验道具一搬上来，我们便能把实验过程和题目猜个八九不离十。也有意外的情况，偶尔也总有那么一两道模棱两可的题目，让我们与冠军失之交臂。但越是如此，我们就越是痴狂。第五期录制的时候，清华一位学核能方向的女博士齐妙（齐厚博）第一次来，被安排坐在我和汪星宇的中间。整场录制，我们隔着中间的美女视而不见，全程都在讨论题目，完全没被分散一点注意力。后来是齐妙嫌我俩太吵了，才主动开口对我俩说道："好不容易出来参加节目，你们俩能不能消停一会儿，别再把我拉回那个理工的世界了！"我俩对视苦笑："实在不好意思，我们就是太想赢了……"然而，造化弄人，这一期齐妙就登上了对战台，大比分领先后被反超，惜败给对面队的孩子，只能咬牙含泪地走了回来，满眼都是不甘。

　　到第六期开始，我们的讨论小组再次壮大。

　　人与人之间的友情是一件很神奇的事情。两个人从认识到相熟，再到惺惺相惜，可能只需要几个小时。在这短短的时间里，你会发现他身上有那么多与你相似的地方能让你感受到默契，又有那么多与你截然不同的地方能让你感觉到新奇。于是你跟他分享你的人生，他给你讲述他的故事，匆匆几面，就仿佛寻回了认识多年的老友。可能你们几个月甚至几年都不会再联系，但是只要有缘再见，彼此的感觉还会一如往常。是谓君子之交，其淡如水。

吸引着我们的，还有公平。公平，意味着凭本事答题，意味着永远还有机会。

不管是粉丝百万的大咖，还是倾城倾国的名模，只要来到这个场子，就得乖乖坐下答题。全场60个人，一切皆有可能。"公平"，是这个节目最基本的准则。

但残酷的是，由于在场的选手有60个，而每期节目留给选手的时间寥寥无几。也就意味着，如果你想多露脸，要么走上对战台，要么就得无限地放大自己的表情来博剪辑师的眼球。可气的是，我天生眼神凶恶，嘴角向下，总是一副不开心的样子，自然不受剪辑师的待见。

第一期录制到半夜三点钟，整整一天，我一句话都没说上。第二天，编导忧心忡忡地问我，是不是对节目有什么意见，我说没有，我会调整。于是到第二期，我终于抢到了一个与专业相关的话题，举手回答了一句撒贝宁随口提的"航空和航天的区别"，虽然在播出时果不其然地被剪掉，但是当时心里已经满是与撒贝宁说上话了的喜悦。

从这一期开始，我就成了回答问题的常客，可惜，由于回答得太过书面，编导觉得我的回答一点儿都不有趣，最后几乎无一幸免被剪掉。

然而我的野心却继续膨胀。

节目一期期地过去，一个又一个周冠军的头像被挂到最高的冠军集结站屏幕上（我们戏称为"上天"），却迟迟没有我的名字。"走上对战台"，就是那段时间我朝思暮想的事情。

第七期录制的前一天，我赶往北京的飞机延误了3个小时。我把延误通知的截图发到了群里，另外一个选手回复说她跟我是同一个航班。我心里一惊，心想长春这个小地方竟然还有别人参加这个节目；仔细一看名字，又是一惊，那人竟然是三年前《一站到底》的那位"折翼天使"张超凡。

那个时候，张超凡已经不可同日而语。她不仅是长春市最年轻的人大代表，还是长春市的文明形象代表。全长春所有的商场、小区、车站，包括我家楼下，都有挂着她照片的公益标语。我带着一丝敬意找到了她，与她聊了几句，并一再强调，这个节目最好的地方就是公平。她笑了笑，点头称是。

因为题目剪辑操作的原因，我们这些老选手大都是带着"已经错过题"的身份开始录制的，其实从一开始就失去了角逐冠军的机会，用毕导的话说，那是一种"向死而生"的感觉。也正因如此，这期登上"1对1"对战台的两位选手是最具有争议的，孩子那边选出来的是一位说话都还奶声奶气的小学生,而我们这边正是张超凡。经过一番不算特别激烈的比拼,张超凡获胜,拿到了这期的周冠军。

冠军风波

上帝再一次和我开了玩笑。我设想过无数种可能，做梦都想不到我的机会竟然是别人让给我的。

那是录制到第九期（实际播出时调整为第八期）的事了。那一期我有如神助，一直保持领先，直到最后有一个被剪掉的实验，是关于偏振光的。作为中科院长春光机所的一个助理研究员，对于这个偏振光实验简直是熟得不能再熟。好胜心作祟，我用了0.38秒按下了提交答案，正在得意扬扬时，旁边的人告诉我，这道题问的是"以下选项中'不能'的一项"。

竟然看反题目了！我从头凉到脚，瘫在那里，品尝后悔。

一切顺理成章地走下去，撒贝宁宣布结果，加油队第一名，是一位看上去很年轻的演员陈月末。

其实，这已经是我第三次当第二名了，甚至已经有些习惯。我摆出鼓励和羡慕的微笑,鼓掌给冠军加油吧,又能怎样呢?

这个时候,陈月末突然向导演要求暂停,走下台与导演商议了些什么。过了一会儿,我也被导演叫下了台。

导演对我说,陈月末档期太满了,不能保证总决赛的那天能够前来,并且跟我表示:"做好准备,一会儿一切都有可能发生。"

我还云里雾里,便被莫名其妙地带回了选手席。紧接着,便出现了戏剧性的一幕——陈月末竟然"退位让贤"了!

电视上,这次"让贤"只有短短的一分钟,可是现场讨论了大概二十分钟。最后,撒贝宁要求大家举手表决,也许因为我跟大家混得更熟,竟然是全票同意我来代替陈月末上台。

我在机会和面子中间进退两难,可是心里想着,反正是他总决赛那天来不了了,我这样做也无非是配合节目组工作。

我站起身来,表示同意。一分钟以后,我站在了1对1的对站台上。

我这次的对手是一位名字很有气势,叫"毕圣"的高中生。之前在休息室的时候,我无意间听到他与别的孩子聊天,得知他是专门的"雷电"专家,得过无数的奖项,甚至还带过几个团队拿奖,差点儿惊掉我的下巴,只能暗暗感慨其厉害。

这一季《加油向未来》的总决赛,是从前十期里的十个周冠军中选拔。在节目刚开始录的时候，我们看着对面未来队（未成年人队）那些稚气未脱的脸，还曾多管闲事地替导演组担忧，说到时候要是每期的冠军都是加油队（成年人队）这边的队员，总决赛的时候就不好看了。

万万没料到的是，孩子那边的实力如此之强，比分最悬殊的时候竟然达到了5比2，注意，是5个孩子和2个大人。尤其是中期的赛制改为抢答之后，输赢靠的不仅仅是知识水平上，手快与否更加关键。作为清华的在读博士，毕导就曾经因手慢而在1对1对战台上被对面清华附中的初中生击败，留下了"加油"史上最不可思议的一幕。

之前看别人PK时，我坐在台下跟着作答，只觉得简单无比，恨不得大声喊出答案提醒台上的人。所以在我的预想中，如果我站上对战台，一定是以5比0或者5比1这样的大比分碾压对手，轻松取得胜利。

但真的站在台上时又完全是另外一种感觉。全身心投入进去以后，其实也就不存在紧张一类的情绪，只是心里清楚每道题目的分量更重，所以就想得太多。偏偏撒贝宁这个家伙又非常顽皮，每次喊出"开始"这两个字的时机和节奏都不同，让你只能全神贯注地去等他的口令，又增加了比赛的难度。

另外，这期的题目也与我颇有些缘分，有一道题大概是这样的:"我国北方冬季寒冷,目前农村地区主要采用哪种方法来保证普通酿酒葡萄树顺利过冬?"我一脸茫然,最后蒙了个塑料包裹,而实际上正确答案是覆土掩埋,因为这样是成本最低的方法。这下我可丢了人了,因为我家里就有很多亲戚是种葡萄的,别的题目他们看不太懂,这道题可戳到了他们的兴奋点。节目播出以后好长时间,都会有亲戚跑过来兴奋地跟我讲葡萄的事情,令人哭笑不得。我一直以为自己是一个挺接地气的"下里巴人",现在才意识到原来我的知识储备竟然还挺"阳春白雪"的。

总之,几经波折,我最后艰难拿下了这场比试的胜利,总算是没有丢成年人的脸。

这期节目虽然存在一个"让贤"的插曲,但是整体来说录制过程还算顺风顺水,并没有人站出来反驳过什么,我也完全没意识到其中有何不妥。只是在录制结束后的采访中,编导提的问题中有一个是这样的:"你有没有想过,这次你们队的换人调整对孩子那边有一点儿不公平?"

这个问题把我给问愣了。我之前一直考虑的问题是我们成年组这边的队员会不会不服气。好在我人缘不错,而且毕竟结果是给我们队争得了一分,所以大家也都很支持今天的这次"让贤"行为。可经编导这么一问,我才意识到,对孩子们来说,这样其实还是有些不妥。

又过了两天,节目开始了常规赛最后一期的录制。导演忙得顾不上我,把我丢到家长休息室看转播,说来也巧,就坐在毕圣的妈妈的边上。不愧是教出毕圣这样优秀孩子的家长,毕妈妈谈吐优雅、落落大方,最重要的是,她完全没有因为我赢了她儿子而对我产生敌意。而这也让我减轻了不少负罪感。

一个月后,节目播出了。

我翻看网上的评论,内容不算太多,但已经是之前几期节目的数倍了。内容有褒有贬,大多数是祝贺之词,但还是有很多刺眼的言论。偏偏我这个人的性格是标准的"不以物喜,但以物悲",对于夸奖的话只是一看而过,却会对每一条负面评论印象深刻。网上的这些"仁人志士",竟以"君子不食嗟来之食"来教育我,偏偏我既忍不住看又忍不住想,只能愈加不忿。

雪上加霜的是,连母亲都专门打来电话:"你这冠军也不是自己得的啊,你这是别人让给你的啊!"这个电话成了压垮我的最后一根稻草。虽然小张老师全程在我身边旁征博引、滔滔不绝地安慰劝解,可我那个时候什么都听不进去,心里面只剩下这样的声音:"连我亲妈都这么想了,其他人岂不更是如此?"

这些陌生人其实与我毫无关系，可能只是闲极无聊时偶尔翻到了这个科普节目，看上几眼，然后随手搜索，习惯性地找个切入点喷上几句，过后再不记得。况且这节目虽然收视率不低，但主要是因为央视一套黄金档的加持，实际的影响力其实很小。无论从哪个角度来看，这都不是一件值得为之生气的事情。

但我偏偏要较这个劲。也许在有些人看来，这个电视节目只是给小孩子看的消遣，但是对我来说，这是几个月以来心心念念的最重要之物，我绝不甘心让自己的"加油"之旅以挨骂告终。

在网上给人解释或者跟人吵架是最无谓的，节目里的事，就要在节目里解决。这些赶来微博贴吧专门骂我的人只是冰山一角，坐在电视机前骂我的还大有人在。我不仅要堵住他们的嘴，还要告诉他们，他们错了，我靠的是自己的实力，而不是别人的怜悯。

既然如此，那就只剩下最后一个方法了——

总决赛，总冠军。这个位子，我非拿不可！

撒贝宁:"实至名归"

在此之前,我从不是一个会为了些许可能性而努力奋斗的人。除非有一个切实可行的目标和至少五成的成功把握,否则我极少会选择让自己浪费时间。

但这次似乎完全不一样了。或许真的是因为"热爱"二字吧,前所未有地,我愿意为"总冠军"这个节目的虚衔付出200%的努力。

从概率学上来说,在十个候选人中拔得头筹的可能性本就不大。毕竟是用选择题决胜负,根据过去十期的经验来看,基本上错上一题就是万劫不复。

事实上,的确有很多周冠军就是靠着相对不错的实力和另外一点点运气成分走上来的。要想摆脱运气成分的影响,那就要做到绝对的实力压制。

好在，这种科普答题节目需要的实力很容易提升，就靠一个字——"看"。

科学界有一个共识：真正适合演示的实验一共只有两百种左右，其他所有的实验无非就是这些实验的重组改装。两百看起来不多，但实际上已经是一个很恐怖的数字，因为哪怕只是单拿出其中一种，能演变出来的实验就可以是成百上千个，而每一个实验能够出题的点更是层出不穷。

所以说，奢望看完这个世界上所有的实验是不现实的。真正需要看的，是感觉。

说来可笑，毕竟我是一个专门研究科学的"科学家"，理工基础也算不错，其实在之前这十期节目的所有实验里，没有哪个实验背后的道理真正超出我的知识范围。那为什么我会一而再、再而三地犯错呢？

对于我来说，除了好胜手快导致的审题不清，另外一个最大的敌人就是想太多。

"这样选的话，这道题就有点儿简单得无聊了，应该不是……

"选这个的话，似乎有点儿不太符合核心价值观，不对不对……

"虽然我觉得选A正确，但是周围的人讨论的结果都是选B，那我也跟着选B吧，最起码错的时候不会太难看……"

第九章 《加油向未来》——冠军之路

无数的内心戏,造就了我与候选席一次又一次擦肩而过。

总决赛之前的一周里,我像魔怔了一样,把每天下班后睡觉前的所有时间都奉献给了"实验"二字,不是在看实验,就是在琢磨与实验有关的事情,只是为了在决赛的时候做到一点——不再被出题人的套路左右。

为了不让自己的思路混乱,我把看过的每一个实验都总结成关键字,整理到一张表格里,还会在看完每一个实验之后假想如果我是《加油向未来》的实验设计者,我会怎么改编这个项目,使得它更符合节目的整体风格。

十人中选一又怎样,为了争这口气,我愿意付出剩下九人百倍的精力。

总决赛当天,除了竞争冠军的十个人,节目组还把原来三十人的队员也叫了回来。这次我要谢谢节目组,虽然对于那三十人来说,这次录制无疑成了一次折磨,但对于我来说,有这些彼此信任的队友坐在身后是一件无比安心的事情。

项目导演果然没有松懈,总决赛用到的7个实验,有6个对于我来说都是完全新颖的,可见节目组的认真准备。

前面的过程无须赘言。实验、答题、排名、淘汰,十进五、五进三、三进二。虽然惊心动魄,但是又那么理所应当。我的辛苦没有白费，克服了一切杂念之后，我相信自己不会在实验阶段就轻易输给别人。

1对1进行之前的休息补妆间隙，邓楚涵坐到了我的旁边。他是万千少女心中的男神，也是第一个给我留下深刻印象的综艺节目嘉宾，这位《一站到底》曾经的"站神"，后来摇身一变成了《加油向未来》这个节目连续两季的固定嘉宾，就连我父亲都在电视里特意叮嘱我："上电视的时候精神点儿，跟那个邓楚涵好好学学。"

第一期录制的时候，我曾在休息室请求与他合影，他只说了句"对不起，我很忙"就匆忙离开了，几乎没时间看我一眼，而如今他主动来找我聊天，我十分意外。

"记住，无论结果如何，一定要平常心哦。"他说。

"嗯，好。"我说。

"哪里还有什么平常心，我要赢。"我心里的声音说。

这场漫长的旅程，一个小时后终于要画上一个句号。

说来也巧，我最后的对手竟同样毕业于东北育才学校。他叫王春彧，隶属于专搞竞赛的理科部，虽然我毕业时他才入学，但我们却先后在同一栋楼内上课，甚至还巧合地拥有共同的生物老师。远在千里之外的东北育才不会知道，当这场同门师兄弟间的较量开始的瞬间，它已经先赢得了这季《加油向未来》的总冠军。

结局的到来是突然的。这场比试，没有意外、没有拖延，只用了不到十分钟，胜负就已确定。

我赢了。

可是宣布胜利的那个瞬间，我虽然释然，却没有太多的喜悦，只能整个人瘫在台子上，提不起精神。

我总觉得还差点儿什么，就差那么一点点，那个我真正期待的东西，那个我想通过夺冠来证明的东西。

"王旌尧的这个冠军真的是实至名归！"

我猛地抬起头来，看着撒贝宁，不敢相信这句话出自他之口。

他却没有意识到我的兴奋，以闲聊的语气对着场下众人继续说道："节目组给我准备的题卡上标有难度，一般是简单、中等和难，而王旌尧最后的这道题，难度写的是'极难'。"

撒贝宁咧着嘴点着头，轻描淡写地说完，就聊起了别的话题。他不知道的是，他这几句简单的话语，对我来说意味着什么。这段话是他在调整机位时说的，所以最后当然没有播出，但是也正因如此，也说明了这段话是他的真心话，而不是节目组为他提前准备的台词。

走下台后，那些曾经一起奋战的队友纷纷过来祝贺，而我听到的最多的一个词,就是刚才撒贝宁说的这个"实至名归"。

"实至名归",多么美好的词啊,听上再多遍我也不会厌烦。《加油向未来》第二季,我是冠军,但比冠军的名头更令我开心是,撒贝宁老师的这一句认可。

学习小贴士

Q 面对挫折和误解时,应该怎么办?

A 光说不练假把式,光练不说傻把式,又练又说真把式。用实力去证明自己,用表现去彰显自己。他们的眼里能看到你,而你的眼里却没有他们,这就是对他们最好的回击。

终章

学习的革命
——成绩的要素分析

> 前一阵子,我因为觉得自家的米饭做出来不好吃,开始潜心研究一个做饭很好吃的朋友家的智能电饭锅,后来干脆自己买了一个同款电饭锅。收到锅,第一件事就是用新电饭锅做了一大锅米饭,结果发现吃起来的确比原来好了一些,但口感远不及在朋友家吃到的。
>
> 细细想来,能否做出一锅可口的米饭,又岂是一个电饭锅能够决定的。大米品质、水质不同,做饭的人也不同,这些因素都影响着最后的结果。

学习这件大事儿

  学习这件事情，是作为"学生"这个身份的头等大事；而"学生"这个身份，往往会作为我们的唯一社会属性，伴随我们十几年甚至二十几年。如果要真的说十分有效的学习方法的话，估计别说是我这薄薄的一本小书，就算是十本百本也不能说完其中一二。

  也许是从小养成的习惯，我到现在也特别喜欢去书店闲逛，偶尔也会翻看很多名校学霸的学法书籍。

  在描述学习的部分，很多人都会提出自己有关学习的建议，诸如"语文要重视积累，多读些优秀的文章""英语要多看些外国的原声电影，听听广播，养成语感""数学不要钻牛角尖，要理解公式背后的数学含义"等。

  诸如此类的各个学科学习方法大家已经听过很多，我在这里不再赘述，只发表一下关于学习成绩背后的个人浅见。

终章 学习的革命——成绩的要素分析

"分数",是我们作为"学生"这个社会角色所取得的最重要的成就。我认为,在任何领域取得成就,无外乎取决于以下几点——

从内因的角度归纳,个人能力很重要,不懈的努力更重要;

从外因的角度来看,起点很重要,对于机遇的抉择更不可或缺。

当然成绩的取得,是要靠这几点共同作用的。如果只突出其中的某一个要素,就会给大家造成一种"只要……就一定能比别人强"的错觉。

好在近些年,在人类对大脑研究的进展不断深入的过程中,我们终于开始承认,人与人之间天赋的差距如此之大。这里的差距,并不单纯地指聪明与否,即智商上的差距,还包括注意力、理解力、交流能力、表达能力等。

事实上,因为其他三点(天赋、家庭、机遇)的不同,每个人先天的起点都不一样,这也是所谓"鸡汤"盛行却未必管用的根本原因。

前一阵子,我因为觉得自家的米饭做出来不好吃,开始潜心研究一个做饭很好吃的朋友家的智能电饭锅,后来干脆自己买了一个同款电饭锅。收到锅,第一件事就是用新电饭锅做了一大锅米饭,结果发现吃起来的确比原来好了一些，但口感远不及在朋友家里吃到的。

细细想来，能否做出一锅可口的米饭，又岂是一个电饭锅能够决定的。大米品质、水质不同，做饭的人也不同，这些因素都影响着最后的结果。

我废尽心思重新买了一个电饭锅，作用也仅限于让最后的这锅饭比以前强了一些而已；反过来想，至少我的这份钱并没有白费，这碗米饭，的确要比之前的好吃一点儿。

我的这套"能力—努力—心态—选择"四维论，是在大三的崩溃边缘后，痛定思痛想出来的，一直被我自己奉为圭臬。后来一次无意间说给小张老师听，她笑道："你这不就是韦纳六因素归因理论的山寨修改版吗？"

我一直以为我的这套理论算得上震古烁今，没想到竟然有人弄出个六因素，比我的还多了两个，赶紧上网查了一下。这个韦纳是个美国人，全名叫伯纳德·韦纳，在四十多年前提出了这套"六因素归因理论"：

人们对行为成败原因的分析可归纳为六个原因：能力、努力、任务难度、运气、身心状态、其他因素。

他的这套理论，虽然说的是"对行为成败原因的分析"这种主观性的内容，但中心思想还是可以供我们借鉴一下。韦纳归纳的六个原因中，能力、努力、心态和其他因素这四部分，和我前面说的是相通的。剩下的任务难度和运气这两点，却是我之前没有考虑到的。

当然，对于在学海和事业上打拼的我们来说，"成功"这件事本身是无法确定其难度的，只有给自己规定了"目标"之后，才会有所谓的"任务难度"。至于"运气"这一点，从长期的角度来说，"运气"这部分可以归到天赋中，我们能够改变的，更多的是"心态"。

中学的时候，给我印象最深的知识点之一是化学课上学的阿伏伽德罗定律，公式表达为 $PV=nRT$，其中 P 是压强，V 是气体的体积，n 是物质的量，T 是温度，R 是常数。

这个公式有很多推论，用汉字表达的话，每条都是无比冗长复杂的，但无论定律和推论其实万变不离其宗，无非是公式里的几个变量相互之间的联系。

人生无法用数学计算，如果我也总结出个什么"成功=目标×能力×努力×心态×抉择"这样的公式的话，那很明显就是抄袭模仿了。不过有一点我很确定，就是每个人的人生都与这六项要素息息相关。没什么孰高孰低，而是缺一不可。

真正宏大的理论，必须客观全面、有理有据，但那是心理学家们的研究标准。我也提不出来什么大的理论,只能结合我自己和身边人的经历,和大家分享一下,我关于"目标""能力""努力""心态""选择"这五方面的体会。

目标——方向与人生

我的亲戚长辈常常喜欢拿我教育他们的孩子，说：

"要向哥哥学习，从小就要树立远大目标……"

这起始于一个故事：

刚上小学一年级的时候，我被一个爷爷辈的亲戚问起将来想从事的职业。我还记得我当年首先回答的是"当老师"，不过那位亲戚不太满意，他振振有词，认为当老师这个选择太普通了，要求我再说一个。我当时一心想快点儿能专心看我的动画片，为了摆脱他，就随口说了个"科学家"，却一语中的，说得他莫名高兴，还将此消息传递给屋内的众亲戚，果不其然，"科学家"这三个字得到了大家的一致好评。

我当然并没有真的把"成为科学家"定作人生奋斗的终极目标，那时候还不懂得"科学家"这三个字的意义。却没想到，一路走来时至今日，我的工作还真的让我走上了"科学家"这条道路。

很多人最初的方向都是父母帮忙定下的。大多数父母都会对自己的孩子有些具体期待，借以实现当年未能完成的心愿，但我的父母并不是这种类型。我只记得小时候，在医院当护士的母亲告诉我千万不要学医，在铁路当警察的父亲告诉我千万不要当警察。虽然说排除法也是一种解决问题的方式，但是人生这道题的选项不计其数，他们俩仅仅帮我去掉了两个，实在算不上是什么有价值的建议。

至于我自己嘛……小孩子的想法往往很单纯，什么帅气就想当什么。小时候看了《名侦探柯南》，马上就深受其"害"。那时候的想法并不是"我长大了要当个侦探"，而是"因为我今天看了动画片觉得当侦探很帅，所以我现在就是侦探了！"在我的侦探生涯中，遇到的最大一起案子就是我爸说他钱包里的钱少了，问是不是我干的，然后我用了一分钟在他的鞋里找到了钱，证明了这是一场贼喊捉贼的事件。但是，破获这场案子之后，爸妈只顾着吵架，完全忘了感谢一下我。

于是我发现侦探这个职业不受人待见，回想一下，他们也的确总是暗中行事，基本没有得到过别人的感谢。所以我决定除了侦探再兼职做个大侠，具体的工作是在楼下捡一根树枝修炼剑术，偶尔和住在一楼的另外一位大侠切磋武艺，然后时刻准备路见不平、拔刀相助。这个职业比较艰苦，因为对于衣服的损耗很大，回家总是挨打。

总的来说，我这个人还是比较现实的，在后来我拥有了"学生"这个专职以后，就放弃了之前的这两份工作。

当了学生以后，似乎就没有什么特殊的奔头了。父母偶尔也会许下"你这次期末考试考双百我就给你买个×××"这样的诺言，但这完全不能算什么目标。一是因为就小学生而言，成绩这个事情是存在一定的上下浮动的，我的答案一般都没什么大问题，但是横不平竖不直这类的小错很多，能不能得满分基本取决于批卷老师那天的眼睛舒适与否；二是其实我爸妈根本不把这种话当回事，因为有的时候我考了双百他们也不给我买，有的时候心情好了考成啥样都给买。

我后来的一个目标就是考育才了。当时也没有什么特殊的激励，只是我从小就特别好面子，而从亲戚们和老师们的反应上来看，"考上育才超常班"又是一个很值得吹嘘的事情，所以我对此事格外上心。虽然这件事挺难，但是时间不算长，不到一年就尘埃落定了，所以没有对我的人生起到太大的牵引作用。

上了中学以后，目标这个事情就不愁了，因为我们终于有了一个量化的评价体系：成绩和名次。学生阶段的目标，无非就是考到

××分和××名次，具体的数值根据我们的水平和层次不断变化，不断增大的叫野心，不断退让的叫底线，难以实现的叫梦想，切实可行的叫计划，但其实终归都是目标。

我们会努力去实现目标，是因为目标背后往往隐藏着一定的回报。目标与回报是一对相辅相成的存在。现在的各类企业公司，甚至包括我们中科院长春光机所，都已经实行了一种名为KPI考核的机制。KPI（Key Performance Indicator）的意思是关键绩效指标，KPI考核说白了就是量化大家的功劳，然后论功行赏、按劳分配，而这个量化的指标一般就是领导层结合实际情况提前制定的。KPI确定之后，目标就确定了，整个团队都会为之努力奋斗，因为这个对KPI的完成情况，最后会直接影响到大家的绩效奖金，也就是钱。

为了得到更大的回报，所以会对目标付出努力，而也正是因为达到目标之后确实得到了回报，才会有向着下一个目标努力的动力，这就是由目标和回报构成的良性循环，也就是所谓的"目标导向作用"。

我们每个人都或多或少地知道拥有目标的重要性，那么问题来了，我们该怎样确定自己的目标呢？该怎样确定一个有意义的、不会让自己后悔的目标？

我是一个喜欢玩游戏的人，在这里就从游戏开始说说我的个人想法。

纵观游戏世界发展史，从几千年前的各类棋盘游戏，到今天的网游、手游、VR（虚拟现实）游戏，都有着一个共同的评价标准，那就是是否能让人愿意消耗时间去玩它。为了增加自己的吸引力，游戏制作者们运用了无数巧妙而新颖的方法。一款好玩的游戏，似乎总能让人产生强烈的进取心和坚定的执行力。比起看书游泳健身等其他娱乐方式，游戏似乎往往更加让人不能自拔，究其原因，也正是因为游戏真正做到了对"目标"二字的把控。

TED（环球会议）上有一场名为"游戏的力量"的演讲，里面提及了游戏之所以吸引人的七点原因。在我看来，这七点，可以说是从七个不同的角度对"目标"进行了详细的表达。

第一，用经验值度量进程——看到自己所在的位置。

绝大部分游戏都有"经验"这个机制，只不过有时候表现形式不同，比如"星级""成就"等，总之，一定是一个让我们时时刻刻都能感受到自我地位的东西。这就好比存款数和成绩单，每当失去动力的时候，掏出来看看，然后继续做你该做的事情。

第二，设定长期与短期目标——拆分任务，降低难度。

在传统的角色扮演游戏里，游戏一开始，玩家们就会被赋予一个远大的任务，比如"打倒恶龙，救出公主，拯救世界"。但是，如果一上来就告诉玩家，你在打倒恶龙之前，需要先杀死两千只史莱姆、五百个强盗、一百个骷髅兵、三十只小龙，外加魔界四天王、八将军、十六骑士，恐怕没有几个人愿意继续玩下去。为了不让人望而却步，制作者一定先告诉玩家，虽然公主等着我们去拯救，但还请先从"把手中的木剑换成铁剑"这个小目标开始努力吧。

第三，让付出与回报成正比——提高激励性。

在游戏里，无论完成什么任务，我们总能获得或多或少的奖励。有时仅仅是与某个角色说句话，也能轻松拿到一笔经验值。很少有游戏会让玩家在付出努力之后得不到任何的回报。当然也别忘了，得到奖励的前提是看好任务要求。即使是在游戏里，如果任务内容是"需要三颗苹果"，而你拿了三斤肉排去交任务，也是得不到NPC（非玩家角色）的奖励的。即使是用三十斤肉排，甚至是三十斤麻辣小龙虾也无济于事。

第四，反馈——对外界造成的影响和外界对你的回馈。

从出生开始，我们每个人都在寻找着属于自己的存在感。婴儿会大哭、孩子会胡闹、青少年往往有叛逆的时期，都是希望获得外界的反馈。在游戏的世界里，玩家是主体，能够轻易对游戏里的世界造成影响获得反馈，这也是很多人喜欢游戏的原因。而获得反馈越多，我们就越有动力继续当前所做的事，从而对外界施加影响力。可以说，反馈是连接我们与外界的关键。

第五，不确定性因素——目标之外的意外收获。

不管是足球、篮球还是任何其他的竞技类项目，最能够让观众沸腾的是那些强强对决的场次，但是最能激动人心，让人印象深刻的却往往是以少胜多、绝地反击的片段。一场具备高观赏性的比赛，往往都让观众猜不到最终的结果，而最引人瞩目的队伍，也往往是那些名不见经传却一路高歌猛进，大大出乎人们意料的黑马。确定的因素会激发人们的动力，但是未知的奖励能带给人更多的快乐。

第六，注意力上升——目标导向产生的集中力。

我们在做任何事情的时候，都会受到一种共同的神经递质——多巴胺影响。这种神奇的物质不仅能够改变我们的心情，还影响着很多其他重要的指标，比如动机、认知和注意力。脑科学家们发现，当人具有强烈的动机，注意力高度集中时，多巴胺指标也会出现峰值。那这是不是说明我们是被多巴胺这类物质所控制的生物呢？或者说，是不是有些人因为先天激素的原因，就注定无法集中精神高效地学习或者工作呢？并非如此。尽管先天因素因人而异，但是每个人的大脑都是具有可塑性的。当我们的大脑感觉到更多的奖励时，就会分泌更多的多巴胺，形成良性循环。

我写这篇文章的开头二百字用了整整一个小时。这一个小时里，我把今天的八卦新闻、群聊的对话记录翻了个遍，就是不能进入状态。但是慢慢地，当我真正开始动手以后，看着屏幕下方的字数慢慢增加，我的大脑不断地获得正向的反馈，注意力始终保持在高度集中的状态，效率也就越来越高了。

也正是因为大脑的这种机制，现在有一种"半小时自我欺骗法"。就是在做自己不愿意做的事情时，先用"我只是去做半小时而已"来说服自己，一旦进行了半个小时之后，坚持几个小时也都不再是什么痛苦的事情。

第七，同伴——共同的目标。

这是很容易被人忽略，却至关重要的一项因素。在游戏领域里，多人网游或者竞技网游当然不必赘言，就连单机游戏，制作方也会建立论坛，鼓励大家撰写攻略、心得或者发布游戏视频。我们从别人的心得体会里学到窍门，同时也从别人的游戏进度中体会竞争。同伴群体，恰恰是实现目标的过程中最有效而难得的驱动力。

以上七条，每一条都是游戏吸引人的原因，但如果在心里想着"学习""工作"甚至是"健身"，翻过去重新细细读来的话，就会发现其实这些都是一样的道理。

而人生这段历程，要想顺利到达终点，却比我们玩过的任何一场游戏都要难得多。游戏是有人规划设计好的，但我们的人生却没有。或者说，唯一的规划者，就是身在这场迷局中的我们自己。

没有目标。这是我们成长中能够面临的最大的困境。

我们究竟应该如何确立正确的人生目标方向呢？

我有一个偶像，她并不是那种家喻户晓的人物。她本名叫石悦，但是更为人熟知的是她的网名，叫作"女流"。

第一次知道这个人的存在是在大三的时候。当时刚刚兴起播客自媒体这个概念，其实也就是在优酷、土豆一类的视频网站上传自己制作的视频。喜欢游戏的我，某天在网上看到了一些一边玩一边解说小游戏的视频。由于只有声音出镜，所以我那时并不了解这个作者的来龙去脉，只是觉得视频做得挺有意思，声音也很好听，所以一口气看完了这个作者空间里上传的所有内容，之后也是一直随着更新追看。

五年后的2015年，传统的视频播客形式已经过时，视频作者们纷纷转型做直播。一次打开游戏直播网站，我无意间看到了那个熟悉的名字。点进去，只听了一句话，我就确信这位就是本人。

这也是"女流"这个人第一次真正进入大众视野。但是由于弹幕的存在，我很快就知道了更多关于这个人的信息，知道了她辉煌的履历。

简而言之：高考省状元，建筑学专业，清华本科，北大硕士。

这样的学历背景，即使在学术科研界也是凤毛麟角，可她却从事了游戏主播这样一个处在风口浪尖的职业。这种巨大的反差，使得她迅速为人所熟知。不可避免地，"清华北大毕业的女主播"也成了几年来经常会被翻出来议论的一个热门话题。

所有人都关心的一个问题就是："为什么你不去当个高大上的建筑师，而选择了游戏主播这样一个混乱不堪的行业？"

作为一个同样热爱游戏的人，我总会试图以自己的思维代入她的身份，然后去思考判断为什么她会做出这样的选择。

是因为对游戏的热爱吗？是，也绝不仅仅是。"游戏"这个爱好，不是"拳击""交响乐"这种小众的方向，可以说所有人都有自己喜欢玩的游戏，其中也有很大一部分人对游戏的痴迷程度谈得上热爱，那么为什么最后真正从事主播或者职业电竞这种游戏相关工作的人却少之又少呢？

这个问题不难，大家心里都有数：作为爱好，游戏是一个愉悦心情、提供快乐的好东西；但是作为工作，其风险太大，很难让人有自信去涉足其中。

接受采访时，女流说，她当年在"建筑"和"游戏"中间摇摆不定时，是她导师的一句话使她坚定了决心："人生不是规划出来的，人生是跟随自己的灵感和直觉走出来的，这是一个水到渠成的过程。不要扑灭你心里的小火苗。"

没错,在人生选择众多,不知道何去何从之时,我们必须要敢于去尝试。

但是,只凭着一腔热血去尝试,也谈不上是什么明智的选择。我们毕竟都只是凡人,没有无穷无尽的时间供我们去浪费。即使是尝试,我们也要有所取舍。

比起上面的那句至理名言,我觉得女流专访中无意间提到的另一段话更加值得我们思考。

女流的父亲听完女儿的陈述后,只问了她一个问题:"能养活自己吗?"

她说:"能。"

这个"能"字,才是目标的真谛所在。

能力——天赋与运用

《劝学》中有这样一段话:"行衢道者不至,事两君者不容。目不能两视而明,耳不能两听而聪。螣蛇无足而飞,鼫鼠五技而穷……故君子结于一也。"

鼫者,能飞不能上屋,能缘不能穷木,能泅不能渡谷,能走不能绝人,能藏不能覆身。在古代学者们的眼中,这种博而不精的人是不会有出息的,若想成大器,必须摒弃一切杂念,专注于一方面能力的培养,方大业可图。

荀子不愧是一代宗师,他的智慧在两千年后的今天仍被人传颂。从老师培育学生而言,这样的鼓励方式也确实能催生出更多的精英大才,可是从我们自身的角度出发,也是如此吗?

郎朗3岁开始弹琴,莫扎特4岁开始作曲,李白5岁诵六甲,白居易6岁能作诗……这些人是幸运的，他们早早地确定了自己的天赋所在，并坚持此道，将天赋化为实打实的能力，最终以此成就了属于自己的辉煌。但是对于我们普通人来说，我们很难确定自己该发展自己哪个方面的能力。

我小时候早早地开始补习英语，所以在那个对英语不甚重视的年代，我的英语水平远远超过了同龄人，使得所有人包括我自己都认为我是个学英语的天才。可惜到了中学以后我才发现，我根本不具备所谓超乎常人的语言天赋，同样的几页单词，我需要比别人更多的时间才能记住。那个时候起，我开始怀疑自己的记忆力比别人差。但是每次跟别人说起此事，他们都是嗤之以鼻，在他们心中，我这个"神童"竟然自称记忆力不行，简直是天大的笑话。

上中学的时候学三角函数，那些并不算十分复杂的三倍角公式、半角公式等，同学们一看就会，我却总是背不熟练。等到真要用这些公式解决问题的时候，我虽然能背个八九不离十，但也不敢确定，最后索性记住一些基本公式以后现场推算。有一次数学老师看到了我推算公式，问我这是在干吗，我实言相告之后，他笑道："你这傻小子，算得倒还挺快。"

我的确算得很快。高中的时候省里会组织各个学科的竞赛，数学老师给全班每一个同学都报了名，后来通过初试的人寥寥无几，而我这个数学水平非常一般的人竟然是其中一个。个中原因，大抵是因为初试内容里有一道非常难、分值也很高的立体几何证明题，别人都不会，但是我做出来了，因为我用了一种最简单粗暴的方法——建立三维坐标系，把立体几何题用解析几何的方法去做。解析法可以解决所有的平面几何或者立体几何问题，但是非常笨拙，用正常方法一分钟就能写完的题目，用这种方法就要写上十分钟，所以常常为人所不屑。初试中的这道题目本来就复杂，我又用了这种把问题进一步复杂化的方法，最后的工作量简直堪比愚公移山。我还记得，在当时所有人都在冥思苦想、试图找出那种惊世骇俗的巧妙解法时，只有我在那里奋笔疾书，写满了好几页答题纸。

事后，我把这件事告诉了几个好友，他们纷纷表示震惊，其中一人还尝试了一次我用的这种方法，但是十几分钟后就丢笔叫苦，不愿继续。

"你这方法也太难了吧！"他揉着手腕叹道。

"难吗？这是最不用费脑子的方法啊……"

"麻烦啊！"他们异口同声地说。

后来我才慢慢意识到，即使是最简单的内容，能够做到在考场这种高压环境下长时间运算而不出错，也并非一件易事。

国内对于"天赋"这个概念挖掘最深的节目莫过于《最强大脑》。去年我通过了《最强大脑》的各项测试，却最终因为工作原因无法参加。在测试中，节目导演也对我做出了"记忆力一般，但是计算能力很强"的评定。然而，这种测试的机制，所测出的却绝非一个人的天赋，而是他的能力。

我的确计算能力不弱，也很擅长注意力的长时间集中，但他们不知道的是，这些都不仅仅来自于我的天赋，而更多地来自于这些年的学生生涯中，老师们对我的推算能力一次又一次潜移默化的训练。

每个人都一定拥有各自的天赋，区别只在于强弱、多少和是否明显。有些天赋是很容易被发现的，比如记得全、算得准、跑得快，而有些天赋则很可能被埋没只露出一个小角，需要我们慢慢去摸索找寻。而不管是怎样的天赋，都需要我们发现并了解它，将其一点点锻炼打磨发展成为能力，然后才能光芒四射而不至于一点点殒灭。

《最强大脑》最有名的项目莫过于"微观辨水"，"水哥"王昱珩从几百杯同质量同水源的水中找到规定的一杯，在全国观众的面前无比威风地秀出了自己超凡的观察力和记忆力。观察力，就并不是一个很容易意识到的天赋。可能很多年来，水哥本人一直以为其他人眼中的世界也和他一样有趣而复杂，直到某一天，某一个人对他说出那句"哇，你真厉害，我就不行"，他才认识到自己可能有这方面的天赋，然后经过足够的反复练习，水哥才拥有了今天的能力。

找到自己天赋的人是幸运而幸福的，但是确定自己天赋所在并努力发展成自身能力的这个漫长过程也绝非没有意义。那位"状元主播"女流最终做出了投身游戏行业的决定。签下合同的过程可能只有几秒钟，但是在那之前的五六年里，她已经通过制作视频、尝试直播，确定了自己在这方面的天赋和能力足够"养活自己"。很多人觉得她这样的选择是对她自己这些年来在清华和北大学习生涯的一种浪费和辜负，但事实上，如果不是经过足够时间的积累和比较，谁又能真正确信自己做出了正确的选择呢？

鼯鼠五技，恰恰是它对自己天赋和能力的测试，不先了解自己，又怎能知道哪里才是正确的方向？待它真正找到适合自己的方向并做出努力之后，且看它飞天入地，渡谷穷木！

努力——灵感与汗水

努力是一个老生常谈到不能再老生常谈的话题，市面上随便找出十篇励志文章，就得有九篇半是与努力相关的。

努力的重要绝不是空穴来风。事实上，如果给成功六要素归类的话，努力是自成一类的，它就像乘法中一个单独的系数，离开了努力，其他一切都是空谈。

在众多关于努力的说法中，有一套叫作"一万小时定律"的理论最为深入人心，想必你也听过不少相关的理论。我仔细查阅了众多关于"一万小时定律"的说法，却发现网上有两套大致相似，但却是实际意义完全不同的"一万小时定律"。

一部分人崇尚着这样的观点："人们眼中的天才之所以卓越非凡，并非天资超人一等，而是付出了持续不断的努力。只要经过一万小时的锤炼，任何人都能从平凡变成超凡。"

而另一拨人的信条则是:"人们眼中的天才之所以卓越非凡,并非天资超人一等,而是付出了持续不断的努力。一万小时的锤炼是任何人从平凡变成世界级大师的必要条件。"

网上的信息纷乱繁杂,都声称这是作者的本来说法,难分真假。但是其实我们并不需要弄清楚哪个才是作者的原话,更重要的是,到底哪种理论是正确的呢?"

这两种说法的根本区别就是"一万小时的努力"与"世界级的水平"之间的关系。前者究竟是后者的充分条件,还是必要条件?

"充分条件"和"必要条件"是我们在初中学会的逻辑概念名词。在数学里,如果集合A属于集合B,那么A就是B的充分条件,B就是A的必要条件。这些莫名其妙的逻辑语言的确很乱,很容易搞反,但是一旦搞错,意思就大相径庭了。

先说一下前者吧。"只要一万小时的努力就能成功"这类话,乍看上去很像骗人的心灵鸡汤,但似乎更倾向于作者的原意,竟然还有一定的科学的理论依据。虽然还没有形成一套严密成熟的知识体系,但不管是"髓鞘质"理论也好,"肌肉记忆"的说法也好,终归讲的是个熟能生巧的道理,即使科学尚不能严谨地证明,我们也明白这个道理大概没错。

但是这句话显然是太过绝对了。举个最简单的例子:我们从出生开始就一刻不停地呼吸喘气,别说一万小时,几万个小时都有了，也没见谁在呼吸界称王称霸、卓越超凡。

事实上，原作者用了一本书的内容，详细地论述了"一万小时定律"的具体操作方法。付出大约一万小时的时间的确是他的观点，但是在这一万小时里，真正重要的部分是突破心理上的舒适区，进入学习区，即所谓的"精深练习"的过程。或者说，努力也是要讲究方法的，一味地耗费时间效果并不明显。

鸡汤文的作者们显然没有什么耐心去细加琢磨，所以他们把这句话稍加修改，变成了一种更为稳妥的说法："一万小时的锤炼是任何人从平凡变成世界级大师的必要条件。"这句话说白了，就是"不经过一万小时的努力你就成功不了"。

这种说法，就好像我们常常在医生口中听到的稳妥发言："你不吃药的话肯定好不了。"等到你去质问医生时，人家就会告诉你："吃了药也不一定好，与个人体质有关，但还是要坚持服用。"

还是说说我自己吧。我就是一个亲戚朋友领导公认的不专注于埋头努力的人。

小学的时候还好，毕竟没什么大的竞争关系，只要成绩过得去，尚且谈不上什么埋头努力。到了中学以后，"努力"这个词就成了父母和老师每次通话都一定会提到的高频词。比起同学们，我似乎总是更容易受到其他事物的诱惑，我很纳闷为什么他们能够在小说、电影、游戏和学习里只选择学习一项，然后不分白天黑夜地坚持这唯一的方向。

我并不是一个不爱学习的孩子，正相反，在其他小孩都只会打滚和泥看蚂蚁的时候，我就已经开始捧着数学书算来算去了。只是，我是一个太过"博爱"的人，实在是无法专宠学习这一件事。中学时与学习争宠最甚的就是小说，毕竟那时的手机还不是很高级，上网也还是一项无比奢侈的功能，仅有的几个自带游戏也早就玩腻。而小说就不一样，不仅有趣，而且携带方便，更重要的是每个人家里都有几本陈年藏书，保质保量，绝对令人满意。而且我们这些十几岁的少年阅读存量都不算高，所以更觉得任何一套新的书籍都是一种新鲜的体验。《哈利·波特》系列共七本，金庸全集十五部共三十多本，二月河的《康熙大帝》《雍正皇帝》《乾隆皇帝》三部共十三本，这些摞起来能有一人高的小说，仅仅是在我们班的"书库"中流传较广的一部分。当然，在众同学之中，我也是最"好学"的一个，别人都是挑着自己喜欢的看看，只有我是博览群书、一本不落。

武侠主题的电脑游戏里，武功的强弱数值往往等于招式强度×内力，在成功学的各类基础理论中，成就又往往等于天赋×努力。武侠世界中的内力的确和努力有相通之处，内力一般没有什么捷径

终章 学习的革命——成绩的要素分析

（误食灵药、大师传功等奇遇除外，这种都是主角特有的待遇，与我等常人无关），全靠自身积累，多练一天、内力就深厚一分，有了内力之后落叶飞花皆可伤人，而没有内力的人，即使用上最上乘的神妙武功，也只能被称为花里胡哨，派不上什么用场。而修习内功的过程也是越枯燥越好，最好是找一个与世隔绝的山洞，坐上它三五十年的苦禅，等到神功大成之时，便能睥睨江湖、天下无敌。

爱迪生的那句关于灵感与汗水的名言大家都听过："天才就是百分之一的灵感加上百分之九十九的汗水。"

很多人笃信他还有下半句话："但那百分之一的灵感是最重要的，甚至比百分之九十九的汗水还重要。"还有的版本更加帅气："没有那百分之一的灵感，世界上所有的汗水加在一起也只不过是汗水而已！"

爱迪生早已去世，我们没办法找他来对质，但事实上，在现存的所有已知资料中，他根本没有说过任何类似于那下半句话的言论。爱迪生是一个实验派的学者，也是一个极度推崇努力的人，他不止一次在公开场合中表达过努力的重要性，而那段名句真正的原话是这样的：

"我没有一项发明是碰巧得来的。当看到了一个值得人们投入精力、物力的社会需求有待满足后，我就一次又一次地做实验，直到它化为现实。这得最终得归于百分之一的灵感和百分之九十九的汗水。"

那流传奇广的半句话，仅仅来源于网上的以讹传讹，最早见于2003年网站上的一个匿名帖子，作者似乎是一个大学生。这篇帖子几经转载，慢慢地竟以星火燎原之势让人分不清真假了。

几个月以来，我为了写完这本书，一直用黑泽明的话来激励自己："你要逐渐习惯于习作，必须努力学着去尊重它，不是当成苦差，而是养成习惯。但最基本的，是要有一次写一个词的耐心，太多人缺乏耐心了，如果你能坐下来静静地写一天，至少能写2页到3页，如果坚持下去，就能写出上百页。"

于是我也像武侠小说里坐枯禅的老和尚一样，逼自己坐在电脑前一个字一个字地堆砌，却全是些陈词滥调，只好写写删删，反复无功，最后反而憋出了感冒。

小张老师为了帮我转换心情，硬拉着我去看了场电影，我本来没什么心情，直到影片中的男主角说出了这句引用《超人》中的话：

"有些人读了《战争与和平》，却只认为这是一个单纯的冒险故事，而有的人读了口香糖包装上的原料列单，就解锁了宇宙的秘密。"

我感冒堵了一天的鼻子突然就通了，心里乱七八糟的东西忽然也通了。

真正的努力指的并不是坐在电脑前的这个状态，而是你脑子里时时刻刻的想法。灵感与汗水同样重要，1%也好，99%也好，不过是一个比喻的观点，不必过于在意。人人都知道灵感必不可少，但是灵感与汗水又怎可完全剥离？每个人流汗的方式不同，有的人身体好，有条件行万里路，那自然是好；有的人能够坐得住，那就让他读万卷书去。可这一切的一切，最终目的还是在路上、看书的过程中你心中的所思所想。

牛顿发现了万有引力，不是因为他被苹果砸到了脑袋，而是因为砸的刚好是他牛顿，是那个无时无刻不想着物理的牛顿。如果换作是别人，恐怕只会转身踹树几脚，抱着一堆苹果回家。

大家往往把"灵感"当成天赋的代名词，而把"汗水"理解为努力。但其实努力的真谛，就在于灵感与汗水的组合。二者比例合适，这其实就是努力最好的状态。

心态——"闯荡"与信心

在所有的要素里，心态是最灵活的一项，它瞬息万变，却又对最终的结果影响甚大。往往一念之差，就能使一件事最后的结果大相径庭。

在实际生活里，会被心态影响最大的事情莫过于睡眠了。睡眠是一个很玄妙的事情，越是有堆积如山的任务亟待解决，睡意就越会汹涌袭来，直困得你坐在桌子前面摇头晃脑睁不开眼。于是你放弃抗争，移步到床上，却又无端地亢奋起来，大脑里乱七八糟的想法多得像早高峰的十字路口。你拿起手机看了下时间，算了一下自己还能睡六个小时，于是赶紧在心里不停地告诫自己："快睡，什么都别想了。"事不遂人愿，六个小时慢慢地变成五个、四个……终于，你在紧张和不安的情绪下睡去，一夜噩梦之后被闹钟吵醒，带着起床气迎接新的一天。

终章 学习的革命——成绩的要素分析

心态一旦崩溃,整个人就会处于一种自暴自弃的状态,然后做出一系列明知错误的决定,事后即使追悔莫及,但也是于事无补。

"心态崩了"不是什么好词,可是反过来,当有人跟你说出"你心态真好"这句话时,往往也没有太多夸赞的意思,而更可能是表达一种"你都这么惨了,还在这里自我安慰呢,真可怜"的态度。

这就是关于"心态"的矛盾:它可以是致人失败的祸根,也可以是失败之后的说辞,但却很少被真正认为是带领人走向胜利的根源。

可是对我来说,心态良好,正是我一路走来最大的倚靠。

很多人说,成功的秘诀莫过于"胆大心细脸皮厚",这话虽粗,但的确是越琢磨越有道理。从另一个角度去说,这句话的另一层含义就是"自信而不自大",更进一步说,这句话的重点就是对自信的"度"的把握。

在我最遥远的记忆中,四五岁的时候,有一次和父亲一起路过一个广场,那里似乎正在举办什么幼儿英语比赛,围了很多人。正中央的舞台上面是一个和我差不多大的小孩,正在用含混不清的声音说着些任谁也听不清的玩意儿。

我当时已经学会了几句最基本的英语,所以自然是瞧不起这个连一个单词都说不清的小孩。我坐在父亲的摩托车后座上，说了几句嘲讽那小孩的话，父亲却不以为然，转头对我说道："你敢上台当着那么多人讲吗？人家敢上去，就比你强！"

我当时虽然很不服气，却哑口无言，对于四五岁的我来说，的确是没有在那么多人面前表演的经历。

在那个年代，让小孩说英语似乎是一种很流行的表演项目。不知是不是因为此事成为契机，没过几天，在亲戚的一场婚宴上，我被安排走到上面背出一段事先教给我的英语台词。内容很简单，无非是"我叫王旌尧，今年五岁……祝叔叔阿姨新婚快乐"之类的话。

结婚自然是要讲究一个热闹，当天的来宾少说也有300人。而我就在这300的面前，面红耳赤地背完我的那段英文台词，然后获得了一片不知是喝彩还是倒彩的掌声。

走下台来之后，不少人过来对我大加赞扬，溢美之词不绝于耳，父亲把这些表扬全盘接下，然后一脸自豪地说："这小子真敢上去，这'闯荡'劲比什么都强。"

"闯荡"是一句方言，意思是不怕生、不怯场。在我从小接受的教育里，"闯荡"是一种极重要的品质，一个孩子尤其是男孩子，可以不聪明，可以不漂亮，但是绝不可以不"闯荡"。

那是我印象中第一次听到父亲的正面表扬，自然是大受鼓舞。

从那之后，我开始有意识地去做各种"闯荡"的事情：主动去和陌生人说话，吃那些从没吃过的食物，自己一个人去很远的地方……我的胆子越来越大，大到再也没有什么地方、什么场合是我不敢上的。一直到最后，当我在CCTV-1黄金档的节目上侃侃而谈时，心里想的依然是父亲口中的"闯荡"二字。

"初生牛犊不怕虎"的说法由来已久，我不知这说法是真是假，毕竟现如今已经找不到能让牛犊子和老虎见面的机会，但是就我们人类来说，胆量却不是天生的，而是要靠一次又一次的经历练出来的。

但是，这种"闯荡"的精神仅仅停留在"逢敌必亮剑"的层面，虽然很帅气，但终究只是"来之能战"，要想做到有"战之必胜"的气势，还需要另一种心理素质。

我经常会想，育才少儿班，也就是"超常教育实验班"的这段经历究竟带给我们什么。对外人来说，这里高深莫测、神秘无比，如果找个想象力丰富的科幻迷来的话，他一定认为这里的教育方式是像X教授训练变种人一样自由而酷炫。但事实上，老师们根本没有对我们使用什么非同寻常的教育方法，很多老师甚至是从普通中学部临时借调过来的，在教学风格完全没有改变的情况下，教出的效果却大不相同。除了客观存在的天赋差距，还有非常重要的一点，就是这种"超常教育"对我们自信上的培养。

想必大家上学的时候都有过那种班级自创的口头禅，我们班曾经流行过一个词叫"巨简"，意思是巨简单，超级简单。每当在数学课上老师出题让我们做的时候，班内就会响起一阵此起彼伏的"巨简"之声，还一定要配合着放笔或者掰指响之类的结束仪式，以此彰显自己的做题速度之快。

数学老师对此哭笑不得，几节课下来，他感慨地说："你们要是真想炫耀的话，不应该说'巨简'啊，你们应该说'巨难，但是我会'。"

事后想来，他这句话，竟无意间道破了这种超常教育模式的一大优势。

每个教育者都知道自信是一种难能可贵的品质，但是至于如何培养自信，却是见仁见智、众说纷纭。而对我们这种"少儿班""少年班"出身的人来说，那个带"少"字的身份，就是我们的制胜法宝。

它就像当年的那道数学题，我们喊着很难，还是成功把它"解答了出来"，于是我们有了自信。受尽外界崇拜的同时，我们自己心里同时又清楚其实它只是一道普通的"数学题"而已，所以我们也不至于自大。

古时两军对垒，出战之前，必先军前训话以鼓舞人心，然后士兵们便能奋勇争先、以一敌百。

大家在做事之前，不妨也在心里训训自己：

"这件事真难，但是我能做到！"

选择——得失与判断

上大学的时候，学生们公认最难的高数科目叫作"概率论与随机过程"，难到了有"随机过程随机过"这样的顺口溜。

"随机"这个词很容易让人联想到运气，而对于人生来说，要想把握住眼前的好运，就必须要做好对机遇的抉择。

"机会总是留给那些有准备的人"这种话当然无须赘言。人生漫长，机会无限，我们不可能事事都有准备，更重要的是，并不是每一个机会都应该努力争取。在现在这个飞速变化的时代，我们这些年轻人永远不缺少机遇，我们缺少的是对机遇的判断。缺少的是当机遇来临之时杀伐决断的能力。

作为一个学习理工科出身的人，我在做选择的时候还是喜欢用数学来算。

比如，我之前一直坚定地认为买彩票是一件交智商税的行为，只有不懂数学才会干出买彩票这样的傻事。从概率的角度来说，每买一张彩票，那最后得到奖金的期望就是——

$$E = \frac{总奖金}{总彩票数}$$

$$= \frac{总彩票数 \times 单张彩票价格 - 各种成本}{总彩票数}$$

$$= 单张彩票价格 - \frac{各种成本}{总彩票数} < 单张彩票价格$$

这里的"各种成本"是客观存在的，所以，如果我花了2块钱买彩票，那最后得到的奖金期望一定小于2块钱，这种必亏的买卖，我当然是不干的。

直到有一天，好友J给我举了一个例子，我才一下子理解了为什么有那么多人还是买彩票买得乐此不疲。

如果有一个小伙子，他深深地爱上了一个姑娘，但是这个姑娘的母亲不同意，她要求这个小伙子必须在一个月内买一套一百万的房子，否则她就绝不同意两个人的事情。这个姑娘虽然也非常爱他，但是母亲是家里的权威，母亲定下的规矩就是家中的圣旨，绝不可能违背。

在这个小伙子万念俱灰之际，他突然看到了一家彩票站，正在发行的一种彩票，奖金刚刚好就是一百万元。

此时此刻，对于这个小伙子来说，他买一张彩票，所得到的回报期望是这样的：

$$E = \frac{总奖金 + 老婆}{总彩票数}$$

$$= \frac{总彩票数 \times 单张彩票价格 - 各种成本 + 老婆}{总彩票数}$$

$$= 单张彩票价格 + \frac{老婆 - 各种成本}{总彩票数}$$

只要老婆在他心中的价值够大，那么对他来说，这张彩票买得就是赚的。

说来惭愧，这个很简单的道理，我也是那时才刚刚弄懂。生活的确可以用数学解决，但前提是能够考虑到问题的方方面面，最重要的，就是回报背后的附加价值。

再举个反面的例子吧。就考试这件事情来说，如果突然发现辛辛苦苦复习到考试前夕，还是觉得满脑子糨糊，没把握能过的话，就难免动些歪念头。那么，作弊这件事情到底值不值得做呢？

大学时的我显然算不上什么好孩子，但成绩极差的我却从未在考试中作过弊，原因很简单，还是用刚才的那种算法。

假设某一门我不喜欢的科目，我不作弊的话只有50％的把握及格，但是作弊就100％能过，仅仅有10％的概率会被老师发现，后果是在档案中记为作弊，而在中科大，这就意味着不能拿到毕业证，只能算作结业。

那么我遵纪守法得到的负面回报就是：

$$E=50\% \times 不及格$$

而作弊的负面回报就是：

$$E=10\% \times 无法毕业$$

两者相差，只要无法毕业这件事在我心中的分量是单科不及格的5倍，那么我就不应该选择作弊。而事实上，无法毕业是我绝对绝对不能接受的噩梦，别说5倍，就是50倍我也不会做任何额外的考虑。

但凡是学习过一点儿风险分析的人，都能一眼看出我上述理论中的不全面。我仅仅论述了"期望"这个概念，却将同样重要的"方差""极值"等因素弃之不理。

不过，我想大家也一定能够理解，我在这里想传达的，并不是严密的公式定理，而是在抉择中应该采取的思路——

做选择之前，权衡得失、考虑全面。

做选择之后，后悔无用、不要回头。

这是我在这本书中的最后一个建议，实实在在，不再多说。

篇外篇

小张老师

在传统的中国文化中,"成家立业"是一个男人成熟的标志。

古人十几岁成亲,考取功名却总是遥遥无期,所以先成家后立业是一个理所当然的事情。但是对于身为现代人的我们来说,成家一事大可不必着急。越是繁华的大城市,越是压力大的工作,恋爱就越是一件奢侈的事情。

所以,当每次我跟别人说我已经结婚了的时候,对方都会无比错愕,忙不迭地想一探究竟。最让他们惊讶的一点是:"为什么会这么早?"

可是,真的早吗?

"我今年已经是硕士毕业后工作的第四年了,很正常,一点儿都不早啊。"

当我对别人说起这番话时,别人会提醒我:"可你今年才24岁啊。"

也只有在这种时候，我才会意识到，哦，原来我是24岁啊……

这些年认识了各行各界的不少人，其中也不乏一些粉丝千万的明星大咖。其中的一位大哥跟我聊天时说，跟这些名人明星相处的时候，千万别把他们当明星，你看高了他们，他们转身就瞧不起你，"你要是觉得大家都一样，他们也就觉得大家都一样了"。

这个道理我早就明白，不过不是和明星，而是和那些年龄比我大的人。我从小就没和同龄人玩过，从小学三年级开始，身边的朋友最少也要比我大一岁，大学开始有差五六岁的，现在我最好的朋友之一已经奔四了，比我大了整整12岁，但是我们之间并没有任何交流障碍。

我的父亲是家中老小，母亲又是三姐妹里排行老大，我刚好是承上启下，有一个大我8岁的表哥、一个大我9岁的表姐、一个小我2岁的表妹和一个小我4岁的表弟。

我家的亲戚都走得很近，表哥表姐也是没事就到我家来住，久而久之，他们的爱好也就变成了我的爱好。表哥经常带着我玩些游戏，没有电脑的时候就就地取材，现场编些基于麻将、骰子和剪刀石头布的游戏带着我玩；表姐拿着几盘磁带让我听周杰伦，一字一句地给我解释那些含混不清的歌词。自那时起，我身上就不具备任何同龄人身上该有的元素。

一路走来，不管是中学、大学还是读研工作，我都未曾以一个年幼的孩子的身份自居，正相反，我还热衷于充当团队里带头人的角色。慢慢地，我变成了一个"穿越者"，一个时间错位的人，我习惯于跟陌生人谎报自己的年龄，跟他们说我是1990年生的、属马，而且因为有学历佐证，他们也不会有任何怀疑。

对我来说，1994这个数字，是一个只出现在身份证上的一串数字而已，时间长了，连我自己有时都会混乱，忘记自己到底多大。

但是，这串数字却成了我身上最耀眼的标签，它给我带来了很多好处，比如"神童""天才"的称号以及前辈领导对我学习能力无条件的信任。但是与此同时，它却在某一件事上成了块最难缠的绊脚石——恋爱。

在我印象里，从大学到工作，女生们喜欢的总是比自己年纪大的男生，能给她们安全感。而我这种"低龄儿童"的身份，在恋爱界是会被直接淘汰的。对，没有话语权，没有竞争权，直接淘汰，永不复用。当她们知道了你的真实年龄之后，基本上就相当于被判了死刑。在基于"你是一个幼稚的弟弟"这种先入为主的眼光下，所有的行动最终都会被归为幼稚。而且这件事是不容辩解的，因为"只有幼稚的人才会说自己并不幼稚"。而"幼稚"二字，就仿佛是女生们选择爱情时的一道封印，只要你的脑门儿上还贴着这枚标签,她们就不会有任何"非分之想"。

只要志趣相投,心理年龄相仿,人们就能和比自己小10岁20岁的人玩到一块儿去,却不愿意在恋爱上给人以机会。

这种年龄错位的困扰不仅仅属于我一个人,它属于这种"超常班"制度群体里所有的男生。我的中学同学里,有好几个男生都已经结婚,而且包括我在内,大家不约而同地选择了比自己大三岁到四岁的伴侣。这在我们看来是理所当然的,因为恋爱是心与心的交流,重要的是两个人心理上的年龄,而不是身份证上的那串数字。但是没办法,对我们来说,要想娶到适合自己的那个她,就注定要多下一番功夫。

就这样,别说早恋了,我就连大学里的"晚恋"都没赶上,这一错,就到了读硕士的第二年。

这一年的夏天,长春光机所与同在长春的东北师范大学还有吉林大学举行了一次联谊活动,名为"仲夏夜之梦"。

"联谊"这个词无非是相亲大会好听一点儿的说法。如果非说联谊和相亲有什么不同的话,那就在于去相亲的人都是目的性极强的,奔着恋爱结婚的人,而联谊就轻松一些,不少人是被朋友强拉过来的,还有很多人只是想来看看表演、凑凑热闹、顺便混点儿免费的蛋糕和巧克力吃。

很多人喜欢讲这样的故事:"当时我根本就没想谈恋爱,是被朋友硬拉过去的,结果最后人家看上我了,非要和我在一起。我没办法,就只能答应了。"

的确,这样的说法显得十分潇洒又有些浪漫,同时毫不刻意地显示出了自己的魅力。但是至少我不是这样的,我的目的很明确,用东北大俗话讲——搞对象。对我来说,这是一个难得的"骗人"良机,只有在这种情况下,我才能隐瞒我自己的那串耻辱般的数字,让别人看到真正的我。

这次联谊规模奇大,男男女女加起来将近三百人,但实际上基本的交流范围仅限于抽签抽到你这张桌子上的人。每桌十人,五男五女,仅此而已。

这样的规则其实是十分低效的,真正的"牵手成功率"其实很低。事实上,也正是因为意义不大,所以那是我们所举办的最后一场联谊会。

但不得不承认,有些事情真的是要看运气的。就在这场嘈杂混乱的联谊会上,凭借着我们不知积攒了多久的幸运,我与一个女孩相视一笑,而那一笑,就是一辈子。

她叫张宇,对,与那个唱《雨一直下》《都是月亮惹得祸》的歌手重名。这是我们之间的第一个不同,我的名字怪异生僻、全国只有一个,而她的名字不客气地说——满大街都是。

当然了，稍加熟悉之后，我就不再用这个名字称呼她。她出身于一个教师世家，父亲姐姐舅舅舅妈统统是教师，她也学的师范专业，以教书育人为人生理想，最喜欢别人叫她"老师"，所以我总是戏称她为"小张老师"。

我们的关系进展飞速，认识她的第七天，我就叫上几个同学，搞了次还算浪漫的表白。有道是"表白是最终胜利时的号角，而不是发起进攻的冲锋号"，这次的成功表白，也是我们彼此心照不宣的结果。

那时的我们当然是兴奋而幸福的，在我们牵起双手的瞬间，谁也没考虑过未来。

真正的难题是相处。自那天起，三年的难关正式开始。

我一直不愿意承认自己是一个理工男，至少我能写完这整整一本书，说明我应该不是一个纯粹的理工男。但是不可避免地，我习惯于用理性的思维去思考各种问题，甚至会把很多情感上细腻的东西用数学或者物理模型去考虑。

在我的想象里，男女之间谈恋爱最理想的状态就像彼此叠加的两组波函数，当波峰遇到波峰、波谷遇到波谷时，我们彼此放大、倍增，感慨我们的相遇是命中注定；而当峰谷相遇时，又不会格格不入，只是彼此抵消，暗自消弭。

实际的情况当然没有我想的那么简单。男女之间的差异就好像正物质和负物质，一旦相撞，就是一次核武器级别的能量释放。

但至于其中过程，我和小张老师当然不会与常人相同。情侣之间难免吵架，但我们吵架从未骂过脏话、摔过东西，也很少脸红脖子粗或者哭哭啼啼，那都是寻常情侣的吵法，我们一向以"高级知识分子"自居，当然不会在彼此面前失了身份。

我们吵架，往往会演变成回合制的辩论：一方慷慨陈词，另一方就在心里腹稿，等你说完，我就逐字逐句据理还击。没想好的话也不着急说，我去帮你拿杯水，大家润润嗓子，休息好了继续。

三年来，我们本着今日事今日毕的原则，从未有一场架拖到过第二天。当然，这里的第二天是以睡醒一觉为分界线，对我们来说，辩论酣战到凌晨两三点钟是常有的事。到了后半夜的时候，还要刻意压低声音，一是防止吵到隔壁邻居，二是节省体力，避免因为身体原因遗憾退场。就这样，我们吵了无数次架，但是每次分出高下之后又都会马上和好，甭管谁输谁赢，反正肯定是抱着"今天我们对彼此的了解进一步加深了，这架没白吵"的态度，成就感十足地安心入眠。

两个人不断地向彼此靠近是一个漫长而幸福的过程。作为两个赶在硕士毕业之前开始的"学生情侣"，在我们认识之前的二十几年里，所接触的东西截然不同，但我们并没有因此而产生隔阂，反而是对彼此无限的崇拜。

我会对她倒背如流的那些教育理论和诗词国学叹为观止，她也会在我随口说出几句科学理论之后赞叹不已。我们并未主动互相学习，却在不知不觉间越来越进入彼此的领域。慢慢地，我不再对"韩剧"二字嗤之以鼻，她也小心翼翼地开始接触游戏动漫。真正的相互陪伴，绝不是活在两个人的交集之中，而是迈入对方的世界，甚至因为拥有对方，我们敢于探索一个又一个全新的天地。

我们两个都是彼此的初恋，这虽然是件浪漫的事，但是也催生了这样一种疑问："我又没谈过恋爱，我怎么知道你比别人好？"这个问题很难办，毕竟我们不能临时去换个人体验一把，好在有另一种解决办法——

既然不能横向对比，那就纵向对比吧。在认识她之前，我是一个平凡而呆板乏味的理工男；而她如果没有认识我，当初也是决定回到老家去当一个普普通通的老师。没有强迫，无须劝说，我们都是遇见了彼此，然后开始为了彼此而努力变成更好的自己。

于是，我开始强迫自己调整作息、努力工作，她也开始点灯熬油、学习奋斗。生活开始飞速变化，远远超乎我们的想象。连续两年春节假期，我们一起去了两次日本：第一次的时候我们还一贫如洗，只因抽奖抽到了免费的机票，不得已向同事借钱出来，一路上省吃俭用，可怜兮兮；一年之后，我们走了完全一样的路线，故地重游，但是兜里却有了闲钱，心情自然大不相同。

只用了一年的时间，我们就实现了当时"等以后有钱了我们一定要……"的诺言。每当我们回望过去的自己，都会感慨生活变化之大、进步之快。至于个中原因，自不必说。

我是一个很情绪化的人。在完成这本书的几个月里，写到开心幸福之处，整个人都会傻呵呵地自己跟自己笑起来，但写到失落迷茫之处时，有时陷入那段回忆之中，便感觉整个世界又变为灰色，长久，写不出一句像样的话来。幸运的是，我这次不再是一个人了。写到悲伤愤懑之时，转头看看，心中的郁结便旋即解开。

张宇，小张老师，我的妻子。你总是感叹如果能早二十年认识我该多好，而你亦是我这本书的第一个读者，这是我所有的过去，至于我的将来，也总会有你。

后　记

电影《后会无期》里有这样一句话："听过很多道理，依然过不好这一生。"

我们每个人都曾尝试过从别人的故事里寻找自己生活的法门，无奈的是，别人的成功我们几乎不可能复制。

目标、能力、努力、心态、选择，这五项与其说是成功的要素，不如说它们是构成每个人最终成就的梁柱。无谓轻重、缺一不可。毋庸置疑，有一些东西是先天确定的，但是我们生于世间，作为独一无二的灵魂，自然是要着眼于自己能够做什么，能够改变什么。

我最怕的，就是把这本书写成一套漂亮话的集锦，写成那种"只要你……就能……"的鸡汤。所以我把成功的每一个要素都进行了一定的分析，有的章节还掺杂进了理工味十足的公式，最终目的只有一个——就是让每一个认真看完这本书的人，能够对自己的未来产生一些切实的思考，而不是满足地擦擦嘴，又去寻找下一碗美味的鸡汤。

在完成本书的过程中,我不断地与不同年龄、不同阶层的人接触,从小学、中学到身边的专家、教授,也越来越深刻地体会到,尽管都怀抱着对成功人生的向往,但是每个人的方法截然不同,每个人都在践行着自己的"道"。

跳出家庭、定位目标、正视天赋、充足努力、善用心态、判断机遇,这是我在这本书里想传达给大家的概念。而我所想的,是让那些像曾经的我一样迷茫无助、停滞不前的年轻人能够从迷雾中走出来,看清自己。至于未来的方向,当然还是要你自己去选。

请努力向前迈步前进,我期待看到你们的"道"。

而我,也要去努力践行我自己的"道"了。